JN411193

대표에세이 選集 30주년기념

대표에세이 문학회

초판 발행 2013년 11월 23일
지은이 대표에세이 문학회

펴낸이 안창현 펴낸곳 코드미디어
북 디자인 Micky Ahn 편집디자인 정지현
교정 교열 장창조
등록 2001년 3월 7일
등록번호 제 25100-2001-5호
주소 서울시 은평구 갈현1동 419-19 1층
전화 02-6326-1402 팩스 02-388-1302
전자우편 codmedia@codmedia.com

ISBN 978-89-94178-77-6 03810

정가 12,000원

대표에세이 문학회

'代表에세이'를
지향하며

代表에세이

대표에세이문학회는 《월간문학》 출신 수필 당선자들의 모임으로 우리나라 최초의 등단 작가들만의 동인 문학회입니다. 또한 데뷔 수필가들만의 본격적인 동인 활동의 시발始發이었고, 수필의 질적 향상을 목표로 해를 거르지 않고 동인지 발간과 세미나를 개최해 왔을 뿐만 아니라, 올해는 본회 창립 30주년과 동인지 창간 30호를 맞는 뜻 깊은 해이기도 합니다.

이는 그동안 《월간문학》이 배출한 수필가들이 일군 빛나는 업적이자 발자취이며, 회원 한 분 한 분은 한국 수필계의 기둥이자 혈맥으로, 그에 부과되는 문학적 책무를 동시에 짊어지고 여기까지 이르렀습니다. 시류時流에 흔들리지 않고 문명에 연연하지 않는 도저한 문학 정신으로 30년의 세월을 이끌어오며, 이 땅에 수필의 꽃을 피우기 위해 한 축을 담당해 왔습니다.

이처럼 창립 30주년을 면면히 이어오면서 수필문학의 진흥과 발전에 한 몫 해온 대표에세이문학회의 위상과 역할은 누구든 인정하고 있으며, 우리 자신도 자긍심을 지니고 문학적 성취를 위해 부단히 노력하고 있습니다. 그 30년의 누적된 결과를 바탕으로 회원 한 분 한 분의 대표 작품을 모아 선집 형태로 독자 앞에 내놓습니다. 그 문학적인 평가는 독자들의 몫으로 냉정한 비판도 따뜻한 박수도 가감 없이 함께 받아들일 것입니다.

30호 기념 수필 선집은 작고作故 동인들을 비롯해 여러 사정으로 본회에 참석하지 못하고 계신 동인들의 작품도 수록하여 30년 역사의 한 매듭을 짓고자 했습니다. 하나 그동안 절필 또는 활동 중단 및 타 장르로 바꾼 경우는 본인의 의사를 존중해 작품을 게재치 못한 점은 큰 아쉬움으로 남습니다. 그야말로 50여 명의 수필가가 자선하여 내놓은 대표에세이문학회 회원들의 '代表에세이' 선집은 명실공히 대한민국의 대표가 되는 문학수필이 되리라 믿습니다.

2013년 가을

대표에세이문학회 회장 정 태 헌

Contents

대표에세이 문인 작품

01 정목일 대금 산조 12

02 배혜숙 신기료장수 15

03 김 학 조선족과 고려인 21

04 정주환 죽송 25

05 김홍은 곡선 28

06 이창옥 청아한 바람의 소리 32

07 지연희 관계의 끈 36

08 조성호 목포 민어회 39

09 김수봉 포클레인과 패랭이꽃 43

10 김소경 오천원이 들려준 말 46

11 권남희 꽃 춤 50

12 최문석 휴일 54

13 한석근 나무 56

14 이은영 그 이름은 우리 가슴에 59
15 안윤자 삶에 대한 소고 64
16 김사연 총을 쏴야만 전쟁이 아니다 68
17 정인자 바다, 뒤늦게 철든 까닭은 72
18 박영덕 댓바람 소리 76
19 윤영남 놋주전자 80
20 박미경 사랑받지 않기 위해 85
21 김정화 꽃고무신 88
22 김금주 신작로 92
23 류경희 흔들리는 성城 96
24 조현세 어머니의 '뽕브라' 101
25 김지헌 직소폭포 105
26 장경환 두 노인 107

Contents

27 정태헌 강물에게 길을 묻다 111

28 김선화 공진共振 115

29 박경희 살아서 쓰는 나의 유언장 118

30 문영숙 어머니의 비녀 120

31 윤자명 커피향이 있던 기와집 125

32 청정심 그녀의 자리 131

33 김윤희 햇살 줍는 비둘기 135

34 김현희 진주목걸이 139

35 박희경 소년과 운동화 144

36 옥치부 누님의 텃밭 148

37 우선정 차 한 잔 하실래요? 153

38 김상환 미운 털 고운 털 156

39 곽은영 빈 자리 160

40 김진자 양은 냄비 165

41 김경순 호상好喪 169

42 허해순 자화상 174

43 허문정 아버지의 등 179

44 조주희 내 그림자 182

45 김진진 격조 있게 살아가기 187

46 원수연 풍경이 끝나는 곳에 길이 나온다 190

47 전영구 종교 같은 사랑 194

48 김기자 껍데기 197

대표에세이 작고 문인 작품

49 故 장생주 한 잔 차에 실은 사연 204

50 故 심영구 유아독존 209

51 故 배석권 기와지붕의 곡선 213

52 故 안태현 모자를 쓰면서 217

대표에세이

대표에세이 문인 작품 48편

選集

정목일	권남희	김정화	윤자명	김경순
배혜숙	최문석	김금주	청정심	허해순
김 학	한석근	류경희	김윤희	허문정
정주환	이은영	조현세	김현희	조주희
김홍은	안윤자	김지헌	박희경	김진진
이창옥	김사연	장경환	옥치부	원수연
지연희	정인자	정태헌	우선정	전영구
조성호	박영덕	김선화	김상환	김기자
김수봉	윤영남	박경희	곽은영	
김소경	박미경	문영숙	김진자	

정목일

1

대금 산조

1

한밤중 은하銀河가 흘러간다.

이 땅에 흘러내리는 실개천아. 하얀 모래밭과 푸른 물기 도는 대밭을 곁에 두고 유유히 흐르는 강물아.

흘러가라. 끝도 한도 없이 흘러가라. 흐를수록 맑고 바닥도 모를 깊이로 시공時空을 적셔가거라.

그냥 대나무로 만든 악기가 아니다.

영혼의 뼈마디 한 부분을 뚝 떼어 내 만든 그리움의 악기-. 가슴속에 숨겨 둔 그리움 덩이가 한恨이 되어 엉켜 있다가 눈 녹듯 녹아서 실개천처럼 흐르고 있다. 눈물로 한을 씻어 내는 소리, 이제 어디든 막힘없이 다가가 한 마음이 되는 해후의 소리-.

한 번만이라도 마음껏 불러 보고 싶은 사람아.

마음에 맺혀 지워지지 않는 그리움아. 고요로 흘러가거라. 그곳이 영원의 길목이다. 이 세상에서 가장 깊고 아득한 소리, 영혼의 뼈마디가 악기가 되어 그 속에서 울려 나는 소리-.

영겁의 달빛이 물드는 노래이다.

솔밭을 건너오는 바람아. 눈보라와 비구름을 몰고 오다가 어느덧 꽃눈을 뜨게 하는 바람. 서러워 몸부림치며 실컷 울고 난 가슴같이 툭 트인 푸른 하늘에 솜털 구름을 태워가는 바람아.

풀벌레야. 이 밤은 온통 네 차지다. 눈물로도 맑은 보석들을 만들 줄 아는 풀벌레야. 네 소리 천지 가득 울려 은하수로 흘러가거라. 사무쳐 흐느끼는 네 음성은 점점 맑아져서 눈물 같구나. 그리움의 비단 폭 같구나. 마음의 상처를 어루만져 주는 임의 손길 같구나.

한 순간의 소리가 아니다. 평생을 두고 골몰해 온 어떤 물음에 대한 깨달음, 득음得音의 꽃잎이다.

시공을 초월하여 영원으로 흘러가는 소리…….

이 땅의 고요와 부드러움을 한데 모아, 가슴에 사무침 한데 모아 달빛 속에 흘러 보내는 노래이다. 한 때의 시름과 설움은 뜬구름과 같지만, 마음에 쌓이면 한숨 소리도 무거워지는 법, 아무렴 어떻거나 달빛 속으로 삶의 가락 풀어 보고 싶구나. 그 가락 지천으로 풀어서 달이나 별이나 강물에나 가 닿고 싶어라.

가장 깊은 곳으로 가장 맑은 곳으로 가거라. 한 번 가면 오지 못할 세상, 우리들의 기막힌 인연, 속절없이 흐르는 물결로 바람으로 가거라. 가는 것은 그냥 간다지만 한 점의 사랑, 가슴에 맺힌 한만은 어떻게 할까.

달빛이 흔들리고 있다.

강물이 흔들리고 있다.

별들이 반짝이고 있다.

가장 적막하고 깊은 밤이 숨을 죽이고, 한 줄기 산다는 의미의 그리움이 흐르고 있다.

2

대금의 달인達人 L씨의 대금 산조를 듣는다. 달빛 속으로 난 추억의 오솔길이 펼쳐진다.

한 점 바람이 되어 산책을 나서고 있다. 혼자 걷고 있지만 고요의 오솔길을 따라 추억의 한 복판으로 나가고 있다. 나무들은 저마다 명상에 빠져 움직이지 않지만 잠든 것은 아니다.

대금 산조는 마음의 산책이다. 그냥 자신의 마음을 대금에 실어 보내는 게 아니다. 산의 명상을 부르고 있다. 산의 몇 만 년이 다가와 선율로 흐르고 있다. 몇 만 년 흘러가는 강물을 불러 본다. 강물이 대금 소리를 타고 흘러온다.

대금 산조는 마음의 독백이요 대화이다. 산과 하늘과 땅의 마음과 교감하는 신비 체험-. 인생의 한 순간이 강물이 되어 흘러가는 소리이며 인생의 한 순간이 산이 되어 영원 속에 숨을 쉬는 소리이다.

대금 산조는 비단 손수건이다. 삶의 생채기와 시름을 어루만져 주는 손길이다.

대금 산조를 따라 마음의 산책을 나서면, 고요의 끝으로 나가 어느덧 영원의 길목에 나선다. 아득하기도 한 그 길이 고요 속에 평온하게 펼쳐져 있다. 달인이 부는 대금 산조엔 천 년 달빛이 흐르고 있다.

정목일

『월간문학』 수필 등단 (1975년), 「현대문학」수필 천료 (1976년)
한국수필가협회이사장, 한국문인협회 부이사장, 연세대학미래교육원, 롯데백화점 본점, 한국문인협회 수필교실 지도교수, 수상 : 한국문학상, 조경희문학상, 원종린문학상, 흑구문학상, 남촌수필문학상 등
저서 : 수필집 『남강부근의 겨울나무』, 『한국의 영혼』, 『별이 되어 풀꽃이 되어』, 『달빛고요』 등 13권, E-mail : namuhae@hanmail.net

배혜숙

신기료 장수

기루씨가 사라졌단다. '기루씨…….' 느닷없는 친구의 전화를 받고 잠시 머릿속이 하얗게 되었다. 서둘러 외출 준비를 마치고 스팽글 달린 새 구두를 꺼내려던 참이었다.

"어디로 간 줄 너 알지?"

높은 담장아래 붙박이로 있어야 할 그가 영영 없어졌다고 괜히 나한테 까탈을 부렸다. 그제야 '아하' 하고 그 남자가 생각났다. 고향 갈 일이 없어진 이후로 까맣게 잊고 있었다. 그렇다면 당연히 은퇴한 것이 아니냐고 말을 자르고 싶었다. 하지만 오랜만에 진주의 옛 동네를 다녀오는 중이라며 실의에 빠진 목소리가 전화선을 타고 그대로 전해졌다.

옆에 있던 찐빵 가게도 그대로이고 골목 안 비빔밥 집도 아직 성업 중인데 마땅히 있어야 할 기루씨가 없다는 것이 말이 되느냐고 따지듯 물었다. 나는 왜 말이 안 되는지 몰라 그냥 듣기만 했다.

신기료장수인 그 남자, 시장 입구 높은 건물 담장에 기대어 족히 사십 년은 보냈을 것이다. 널따란 소가죽 판을 올린 넓적다리에 고무신이든 운동화가 되었든 얹히기만 하면 벌어진 입도 꾹 다물어지고 들고 일어나던 신발 바닥도 아귀 맞게 제자리를 잡았다. 오래 신어 쭈그러든 주름 잡힌 구두가 반주그레한 얼굴로 새것처럼 변신을 하기도 했다.

신기료장수는 비바람 피할 곳도, 햇빛 가려줄 지붕도 없는 길바닥에서 그렇게 긴 세월을 보냈다. 낡은 연장통, 오래 써서 반질반질 닳은 징걸이와 신발을 눌러주는 쇠 받침대가 전부인 그의 재산 옆에는 너저분한 신발들이 온갖 냄새를 풍기며 쌓여 있었다.

"우리 비닐 구두를 기루씨가 얼마나 매끈하게 잘 고쳤니. 너는 발바닥이 넓어 김밥 옆구리 터지듯 자주 터졌어! 알지."

내 걸음걸이가 바르지 못해 한 쪽만 뒤축이 심하게 닳기도 했단다. 생경한 일이다. 나도 기억 못하는 일을 그녀는 어제 일처럼 주섬주섬 주워섬긴다.

대학을 졸업하고 첫 직장을 갖게 되어 처음으로 구두를 맞추었다. 시내 번화가에 자리 잡은 미도양화점. 그 구둣가게의 화려한 쇼 윈도우에 마음이 쏠려 거금을 들여 가죽구두를 맞춰 신었다. 난생 처음이었다. 유행을 따라 앞코를 뾰족하게 올려 모양은 그럴 듯 했다. 그런데 볼이 넓고 발등이 높은 내 발은 불편함을 넘어 고통스럽다고 하소연을 했다. 출근길에 많이 걷고 때론 뛰어다녀야 했던 나는 미련 없이 반들거리는 가죽구두와 이별을 고했다.

가죽구두 대신 합성 피혁으로 만든 기성화를 신고 버스 통근을 했다. 버스에서 내리면 자갈길도 걷고 진흙 길도 걸어야 했다. 덕분에 굽은 자주 닳고 여기 저기 실밥이 터지는가 하면 얇은 비닐막이 벗겨지기도 했다. 같은 버스로 통근을 하던 친구랑 나는 기루씨의 단골이 되었다.

처음엔 깍듯이 '신기료장수'였다. 그러다 혀끝을 말아 '료'발음 하기가 귀찮아져 우리 멋대로 '신기루장수'라고 불렀다. 벗겨진 뒤축에 구두약을 발라주는 공짜 서비스를 받는 날이 많아지자 '신기루아저씨'가 되었다. 터진 곳에 몇 번의 박음질 정도는 굳이 돈을 받지 않아 그 보답으로 갓 구운 센베이 과자나 꿀 호떡을 사서 같이 먹으면서는 그냥 기루씨로 불렀다.

겨울이면 양지바른 쪽으로 옮겨 앉고 여름이면 낡은 우산 하나로 겨우 햇볕 한줌을 가려가며 그 자리를 지켰다. 그는 사연 많은 신발들을 종일 깁고 두드리며, 징을 박거나 밑창을 갈아 어연번듯하게 세상으로 내보냈다. 가장 낮은 곳에서 제 직분을 다하느라 냄새에 절고 세상의 먼지를 둘러 쓴 신발을 정성껏 다루는 기루씨의 손은 겸허했다. 언제나 신발보다 더 낮은 자세로 온갖 신을 섬겼다.

그의 굳은살 박힌 커다란 손의 위력이 두루 소문을 타면서 멀리서도 헌신짝들이 줄줄이 담장 밑으로 찾아왔다. 기루씨의 넓적다리 위에는 온갖 신들이 강림을 했다. 어머니 고무신과 동생들의 운동화, 아버지가 아끼는 신세계 백화점표 구두도 그곳에 오르면 새롭게 탄생했다.

"신 을 믿으세요?"

"고무신, 짚신, 가죽신, 나막신 다 믿지요."

우문에 현답을 하던 기루씨가 분명 '고쳐요' 라고 했을 텐데 '믿지요'로 들렸던 지난 날들이 점점 선명해졌다.

전화 받기가 지루해져 신기루는 사라지는 것이라고 잘라 말했다.

"그곳이 사막이야? 북극이야?"

아, 맞다. 우린 통근 버스 속에서 신기루 현상에 대해 수없이 이야기를 했었다. 과학 교사인 그녀는 빛의 굴절에 대해 그림까지 그려가며 내 이해를 도왔다. 북극의 신기루는 사막의 그것과 다르다고. 생전에 꼭 가보고 싶은 곳 중의 하나라고 강조를 했다.

고비사막에 갔을 때는 푸른 호수가 줄지어 나타나는 신기루 현상을 보고 버스에서 내려 사막 가운데를 끝없이 달려 보았다. 그때, 징걸이에 거꾸로 매달린 내 구두를 타닥타닥 두드리던 기루씨의 모습이 잠깐씩 보였었다.

고향을 떠나와 살면서도 친정집에 갈 때면 일부러 그 길을 지났다. 그는 내 신발을 벗겨 구두약을 칠해 윤이 나게 닦아주었다. 흰 수염이 거칠게 나고 더부룩한 검은 머리가 백발로 바뀌었을 뿐 한동안 그 자리를 지켰었다. 낡고 해진 것들 사이에서 서서히 늙어 가는 그의 모습은 낙타를 타고 타르 사막을 여행할 때도 희미하게 보였었다. 기껏해야 사막에서나 그의 존재 유무를 잠깐 궁금해 했을 뿐이다. 신기루가 사라진 것은 당연한 일인데 어쩌란 말인가.

"신기루가 아니라 오아시스를 찾아갔단 말이야."

진작 그렇게 말했다면 마른 침을 삼키지 않았을 텐데. 그야 그렇지. 고향은 노년을 바라다보는 사람들에게 오아시스가 아닌가. 기루씨는 길 위의 사람들에게 구멍난 인생을 감쪽같이 기워주고 긁히고 상처난 곳을 깨끗하게 치유해 주었으니 험난한 인생길을 지나온 사람들에게 오아시스였다.

친구의 오아시스 이야기에 가슴이 싸해져 순한 마음이 되었다. 요새 신기료장수가 성업하는 데가 어디 있냐고. 모두 구두 종합병원으로 업그레이드 됐다고 달래본다.

"왜? 신기료장수가 어때서. 떡 벌어지게 잘 차려놓으면 그게 무슨 신기료장수야."

처음보다 기운이 빠진 목소리다. 하긴 지붕 있고 문턱을 넘어야 하는 가게라면 신을 섬길 수는 없을 것이다.

긴 장마가 계속되면 기루씨가 징검징검 보였다. 매서운 북풍이 불고 한파가 기승을 부리던 정월에도 여러 날 부재중을 알렸다. 맑은 날, 그가 보이지 않았다면 집안에 큰일이 있거나 자신이 아픈 날이었다. 그럴 때 우리는 '있다 없다'가 아니라 '나타났다 사라졌다'로 표현했다.

이번에는 내가 목소리에 리듬을 실어 물었다.

"너 북극은 다녀왔니? 북극에서 신기루현상은 어땠어?"

전화기 저편에서 아무 말이 없다. 조금 거친 숨소리가 들리더니 바짝 톤이 올라간 소리로 말했다.

"북극 다녀와서 기루씨 만나러 같이 가자."

조용히 수화기를 놓았다. 신기루 현상에 대해 과학 선생인 그녀는 거꾸로 생각하고 있는 것 같았다. 지나칠 만큼 말이 없는 기루씨도 그녀 앞에서는 벙싯벙싯 웃고 농담도 했다. 같이 통근하던 다른 선생님들의 신발까지 다 거두어 고쳐다 주던 열성을 모르는 바 아니지만 기루씨를 찾아보자는 말에는 공감이 가지 않았다. 그가 아직도 입 벌어진 구두를 손가락 찔려가며 박음질하고 있어야 옳은가 말이다. 외출 준비를 마치고 스팽글 달린 새 구두를 꺼내던 순간에 받은 전화는 시간을 확 돌려놓았다. 약속 시간이 얼마 남지 않아 급히 구두에 발을 넣는 순간 전화벨이 요란하게 울렸다. 나는 현관문을 밀었다.

아직 존재증명이 필요한 친구에겐 기루씨의 부재가 낯설고 서글픈 일임에 틀림없을 것이다. 그녀는 지금 기루씨를 찾자는 것이 아니다. 고향 마을에 남아있어야 할 우리들의 이야기가 신기루처럼 사라지는데 대한 허탈함이 짙게 그녀의 몸을 휘돌고 있는 것이다.

배혜숙

『월간문학』 등단 (1977년)
한국문인협회, 국제펜클럽한국본부회원
수상 : 에세이스트 주관 올해의 작품상
저서 : 수필집 『목마할아버지와 별』, 『양파 썰기』
E-mail : bae1305@hanmail.net

김 학

3
조선족과 고려인

'조선족'과 '고려인'은 다 같은 우리네 해외동포들이다. 그런데 중국에 보금자리를 튼 동포들은 자신들을 '조선족'이라고 부르고 옛 소련 땅에 터를 잡은 동포들은 자신들을 '고려인'이라 한다.

'조선족'이나 '고려인'들은 대개 비슷한 연유로 이주한 해외동포들이다. 조선조 말이나 일제시대에 가난에서 벗어나려고, 혹은 일본의 핍박이 싫어서 떠난 동포들이다. 중국과 소련은 국경을 마주한 이웃 나라다. 그런데 중국으로 간 동포들은 자신들을 '조선족'이라 하고 소련 땅으로 간 동포들은 '고려인'이라 한다. 그렇다고 소련에 사는 우리 동포들이 고려시대에 이주한 것은 아니다. 그런데 왜 '고려인'이라 했을까.

어떤 이는 '고려인'이라 하게 된 것은 우리나라 국명의 외국 표기가 'KOREA'이기 때문에 '고려인'이라고 한다고 들려주었다. 그러나 그 이야기에 나는 선뜻 수긍할 수 없었다. 그렇다면 미국이나 일본, 또는 세계 여러 나라에 흩어져 사는 우리 동포들도 '고려인'이라고 해야 옳지 않겠는가.

어쩌면 우리 동포들이 지어낸 호칭이 아니라 중국과 소련정부가 붙여

준 호칭이 아닐지 모르겠다. 중국은 소수민족을 보호하기 위해 조선족 자치주를 만들어준 반면, 소련은 소수민족을 동화시키려고 '고려인'이란 호칭을 붙여준 게 그대로 뿌리를 내리게 된 성 싶다.

중국과 소련은 정반대의 소수민족 정책을 썼다. 그러나 세월이 흐른 지금 그 결과는 어떻게 되었는가. 중국은 그대로 체제를 유지하며 발전을 하고 있지만, 소련은 스스로 붕괴하여 소련연방에 종속됐던 15개 나라들이 모두 떨어져나가 독립국이 되었다. 역사의 아이러니라고나 할까.

'조선족'이란 어휘에는 '떼거리'란 의미가 함축되어 있지만 '고려인'이란 말에서는 '낱개'란 뜻이 느껴진다. '족族'이란 글자와 '인人'이란 글자에는 분명 그런 뉘앙스가 담겨져 있다.

2002년 8월에는 중국의 한 귀퉁이인 흑룡강성 하얼빈에서 해외문학상 시상식과 해외문학심포지엄이 있었다. 지난해에는 같은 달 우즈베키스탄의 수도 타쉬켄트에서 똑같은 행사가 열렸다. 중국의 행사장에는 많은 조선족 문인들이 참석했고, 조선족 문인 대표는 연설도 우리말로 했었다. 그런데 지난해 우즈베키스탄의 행사장에는 고려인 문인 6명이 참석했고 러시아말로 연설을 하여 통역이 끼어들어야 했었다.

중국의 '조선족'은 지금도 우리말을 갈고 닦아 조선족 문학을 잘 가꾸고 있다. 조선어 신문과 조선어 문예지도 발간하고, 조선어 방송도 하고 있을 뿐 아니라 작가마다 조선어로 작품집을 펴내고 있다. 그러나 1991년에 소련연방 공화국에서 독립했다는 우즈베키스탄에 가보니 그게 아니었다. 신문이나 잡지는 경영난으로 오래 전에 폐간이 되었고, 방송에서도 우리말은 찾아볼 수가 없었다. 소련의 스탈린이 '고려인'들을 강제로 중앙아시아로 이주시킨 뒤부터 '고려인'들은 우리 말이나 우리 글, 우리 풍습을 잃어가고 있다는 느낌이 들었다. 스탈린의 '고려인' 강제이주 정책은 그들 입장에서 보면 성공했던 셈이라고나 할까.

우리 말도 제대로 못하는 '고려인'들이 어떻게 우리 글을 알며, 글도 모르는 '고려인'들이 어떻게 우리 문학을 가꿔가겠는가. 그것은 연목구어緣木求魚나 다를 바 없지 싶었다.

이름을 보아도 그렇다. '조선족'들은 거의 모두가 성 한 글자에 이름 두 글자인 우리 식 이름을 지어 사용하고 있었다. 그러나 우즈베키스탄의 '고려인'들은 '보리스 박', '나릿사 박', '빅토르 최'처럼 아직까지 성은 우리 식으로 쓰지만 이름은 러시아식으로 바뀌어 있었다. 그들이 건네준 명함을 보더라도 확연히 차이가 났다. '조선족'들은 한자를 사용하고 있어 읽을 수 있었지만 '고려인'들은 러시아어를 사용하여 읽을 수조차 없었다.

'조선족'이나 '고려인'들 모두 공산권 국가에 터 잡아 살아왔기 때문에 일찍부터 북한과는 교류가 있었다. 중국이나 소련이 남한과 공식적으로 국교를 트게 된 것은 그리 오래되지 않는다. 그렇기 때문에 그들이 사용하는 언어에는 북한 말의 어휘나 억양이 깊게 배어 있었다. 그로 미루어 통일 이후의 언어와 문자대책도 깊이 연구되어야 할 듯 싶었다.

한 많은 이민 1세들은 이미 거의 세상을 떴고, 2세 3세로 이어 내려오면서 민족의식이나 정체성이 갈수록 사라져가고 있다. 이러한 현상은 비단 옛 소련지역만의 문제가 아닐 것이다. 미국이나 일본 등 거의 모든 해외동포들의 공통적인 문제이리라. 우리나라의 해외동포를 위한 정책은 여기에서부터 시작해야 하지 않을까.

낯선 이국땅에서 온갖 고난을 겪으며 목숨을 부지해 온 그들의 처지를 모르는 바는 아니다. 세월이 흐르면 흐를수록 현지에 동화돼야 그들의 후손들이 주변인이 아니라 중심권에 진입하여 떳떳하게 살 수 있다는 사실도 모르는 바는 아니다. 그러나 어쩐지 아쉬움이 컸다.

'조선족'이나 '고려인', 심지어는 다른 종족들까지 한국으로 와서 큰돈을 벌고 싶다는 코리안 드림을 꿈꾸며 한국말을 배우려는 열풍이 불고 있다는 반가운 이야기를 들었다. 타쉬켄트에서는 한국어 학원이 성업 중이고, 중고등학교에서는 한국어를 제1외국어로 가르치고 있다는 가이드 김성기 군의 이야기를 듣고 다소 위안이 되었다.

한껏 기대를 안고 중앙아시아 실크로드를 찾아가 '고려인'들의 삶의 편모를 둘러보고 오히려 안타까운 마음만 보듬고 돌아올 수밖에 없었다.

김 학

『월간문학』 등단 (1980년)
전북수필문학회 회장, 대표에세이문학회 회장, 전북문인협회 회장, 전북펜클럽 회장, 국제펜클럽 한국본부 부이사장 역임, 전북대학교 평생교육원 수필창작 전담교수. 수상 : 펜문학상, 한국수필상, 영호남수필문학상 대상, 신곡문학상 대상, 연암문학상 대상, 대한민국 향토문학상, 전라북도문화상, 전주시예술상, 목정문화상 등. 저서 : 수필집 『수필아, 고맙다』, 『나는 행복합니다』 등 12권, 수필평론집 『수필의 길 수필가의 길』 등 2권.
E-mail : crane43@hanmail.net

정주환

4

죽송

대나무는 사시사절四時四節 언제나 청청한 봄빛을 머금고 있어서 그만이다. 속은 텅 비어서 사심 없는 달인達人과 같고 마디마디에 충신의 절개가 깃들었다. 춥고 음침한 겨울이 와도 두려워하지 않는 여여如如함이 있고, 화려한 봄이 왔대서 경망하게 부화뇌동하지 않는 슬기가 있다. 어떠한 일에 기뻐하지도 않지만 슬퍼하지도 않고, 내색하지도 않지만 자만하지도 않는다. 유유자적悠悠自適 무구낙락無垢諾諾이다.

대나무는 예부터 선인들의 작품에 흔히 등장한다. 불사이군不事二君, 높은 충신의 지조志操를 대나무에 빗대었고, 불경이부不更二不, 맑은 열녀烈女의 절개를 대나무에 기탁했다.

可使食無肉
不可居無竹
無肉令人瘦
無竹令人俗

人瘦尚可肥

士俗不可醫

傍人笑此居

似高還似癡

若對此君仍大嚼

世間那有楊州鶴

식사에는 고기가 없을지언정

살림집에는 대나무가 없을 수 있겠는가.

고기가 없으면 몸이 여윌 것이

대나무가 없으면 사람이 속되네

사람이 여위는 것은 살찔 수도 있겠지만

속된 사람은 고칠 수도 없네

곁에 사람이 이 말을 듣고 웃더라.

고상한 듯 도리어 어리석다고

만일 대竹를 대하고 고기君도 먹을 수 있다면

어찌 세상에 양주학 이야기가 있겠는가.

굳이 소동파蘇東坡 영감을 닮으려는 뜻은 아니다. 아무래도 그 마음 버릴 길이 없어 몇 해 전부터 죽분竹盆과 사귀어 오고 있다. 금년에도 시골집에 가서 오죽烏竹과 청죽青竹을 구해다가 몇 폭 분에 담았다.

매란국죽梅蘭菊竹, 사군자를 다 가까이 할 수만 있다면 더없는 안복眼福이겠지만, 매화는 구하기가 힘들고, 난蘭은 기르기가 까다롭다. 하지만 대나무는 마음만 있다면 어디서든지 손쉽게 구할 수 있고 특별한 기술이 없어도 물만 잘 주면 그 청신淸新한 기품을 오래도록 완상玩賞할 수 있으니, 화목花木에 문외한인 나에게는 더 없는 벗이 아니랴.

정주환

『월간문학』 등단 (1981년)
문학박사, 호남대 교수, 한국문인협회 이사 및 감사 역임, 국제 펜클럽 한국본부 이사 역임, '대학 문학' 발행인, 수상 : 동포문학상, 한국수필문학상, 소월문학상 등 다수, 저서 : 수필집 『겨울로 꽃을 피우고』, 『논어 이야기』, 『성경에세이』 등 다수, 『한국 근대 수필 문학사』, 『수필 문학과의 대화』, 『창작론』 등 수필 이론서 다수, E-mail : joo30275355@hanmail.net

김홍은

5

곡선曲線

창문을 열고 깊어가는 가을 밤하늘을 바라본다. 스무닷새 달빛이 고요하다. 오늘따라 공허한 창공에 떠 있어서 그런지 슬픈 듯 다가온다. 일그러진 하현달이지만 마음을 어디론지 살며시 잡아끌고 간다. 알 수 없는 고독함이 밀려온다.

첫사랑에 실연당한 심정이 이러하였던가. 고향사람들이 가난하게 살다가 상여소리와 함께 떠나가던 날도 이런 마음이 들었다. 삶이 그저 답답하고 막막하기만 하던 날이면 강물굽이가 돌아가는 모래밭에서 잔잔하게 흐르던 물소리를 하염없이 들었다.

낙목한천에 스러져가던 달빛에 의지하며 그리움에 몸부림치던 긴긴 밤을 보내던 철없던 젊은 날들도 이러한 마음이었다. 얼기설기 굴곡진 세월도 아련히 떠오른다. 막연한 인생의 갈림길에서 산다는 게 무엇인가 방황하며, 헤쳐 나갈 가시밭길이 두렵기만 할 적에도 밤하늘의 그믐달을 바라보았다.

타국에서 연구실의 문을 열고 쓸쓸히 교정을 나설 적에도 밤하늘은 편안했다. 어느 때는 광활한 어둠속에 포근하고 은은한 곡선으로 감싸주는 그믐달은 고향의 느낌이었다. 달 모양은 변화만 있을 뿐 다정함은 예나 지금이나 다름이 없다.

달도 마음도 하나가 되어 살며시 허공을 맴돌아 눈물겹다. 바라보면 볼수록 이보다 더 아름답고 고운 선이 어디 또 있을까?

자연미를 내세울 수 있는 아름다움의 상징은 아마도 고요한 새벽녘에 떠있는 그믐달이 아닌가 싶다. 어느 때는 마음을 아리게 하면서도 뭉클하게 만든다. 은은한 달빛이 가져다주는 고요함 속에서 느끼는 감성은 곡선이라서 더욱 편안한가 보다.

내 인생길을 뒤돌아보며 발걸음을 옮긴다. 고요한 새벽은 공연히 슬프다.

나약해져 가는 달빛에 젖는 인생길이라서 그런 것일까.

낯선 직선의 골목길을 걷다보면 어느새 자신도 모르게 지루함으로 느껴져 온다. 직선 길은 단조롭기만 하다. 고향의 골목길은, 선과 선이 이어지는 곡선의 여유로움은 아름다움과 오묘한 감흥을 주었다. 구부러진 돌담길은 생각만하여도 향수에 젖는다. 곡선과 직선에 대해 느끼는 감정은 사람마다 다르다. 동양인의 사상과 서양인의 의식도 곡선과 직선의 사고에서 삶의 차이를 지니고 있는 것은 아닐까.

인생 곡선은 그냥 아름답다.

어둠속에서 이어지는 선과 선의 변화는 보이지 않는다. 흑백에서는 삶과 죽음의 경계를 수 없이 이루며 여명을 기다리고 있는 생명의 움직임으로 밀려온다. 가느다란 선, 굵은 선, 짧은 선, 길은 선이 가져다주는 감정이나 의미는 저마다 다르다.

선의 감성은 왜 다른가.

스러져가는 달빛이 차갑다.

하늘에 떠 있는 이 마음을 그믐달의 선으로 묶어본다. 가을밤에 보는 달은 밝으면서도 은은하다. 고우면서 겸손하지만 처량하다. 둥그런 모양에서 한쪽은 점점 이지러져가지만 지나치게 밉지가 않다. 고고하면서도 부드러워 교만하지가 않아 여유롭다. 그믐달의 곡선으로부터 가만히 내 인생을 배운다.

선은 많은 의미를 담고 있다. 넘지 못하는 선, 넘어서는 안 될 위험의 선, 넘기를 소망하는 갈망의 선, 모두가 경계를 가진다.

누에는 알에서 깨어나 뽕잎을 먹고 많은 하나의 기다란 실선을 이어내어 집을 짓는다. 곡선과 곡선을 이루어 만든 누에 집. 사람들은 누에고치의 실을 풀어내어 다시 비단을 짰다. 명주를 짜던 베틀 소리가 짤그락 짤그락 방문을 새어나와 달빛에 젖던 밤이 그립다. 그 밤은 섬돌 밑에서 귀뚜라미도 고운 음률로 가냘픈 선의 소리로 노래를 불렀다. 귀뚜라미의 울음은 언제 들어도 서글프게 들려온다. 그 소리는 마지막 입고 갈 비단 수의를 떠올려 놓기도 한다.

뽕나무는 실을 만드는 비밀을 살며시 들려준다. 뽕을 따던 한 여인의 밀의사密蟻絲 재치 앞에서는 천하의 공자도 무릎을 꿇었다. 한 개의 구슬에 아홉 개의 가느다란 구멍에다 실선을 연결해서 꿰는 지혜를 재치로 가르쳐 준다. 굴곡진 아홉 개의 구멍에 꿀을 채우고 개미의 허리에 실을 묶어 두면 자연스럽게 실을 꿰어 놓게 하는 방법이다.

인생의 삶은 수 없는 어두운 사선死線의 그림자를 밟으며 희망의 밝은 빛으로 향하려고 몸부림 치고 있다. 삶이란 헝클린 실타래를 풀어나가듯 서둘지 않고 갈고 닦아야 하는 지혜의 철학으로 스스로 터득하고 익히며 살아감이 아니던가.

그믐달빛이 점점 스러져 간다.

자연스러움은 변화가 많기도 하지만 신비롭다. 변화에는 그대로 아름다움이 깃들어져 있다. 그 속에는 알게 모르게 미적 조화를 담아내는 질서를 이룬다. 그믐달은 또 내일의 변화를 이룬다. 공간에서 하나의 점은 선으로 만들어지기까지 꾸밈없는 평화로움을 느끼게 한다. 직선은 단조롭지만 곡선은 불안한 듯하나, 여유와 행복한 마음을 가져다준다.

그래서 일그러져 가는 그믐달의 곡선은 편안하다.

김홍은

『월간문학』 수필 등단 (1983년)
충북 수필문학회, 충북문인협회장역임, 충북대학교 명예교수, 현 충북대학교 평생교육원 수필창작교실 강사, 푸른솔문학 발행인
수상 : 한국수필문학상, 충북수필문학상, 연암문학상 대상
저서 : 수필집『꽃 이야기』,『나무가 부르는 노래』,『쉽게 읽는 평론집』 등
E-mail : hekimK@empal.com

이창옥

6
청아한 바람의 소리

겨울 아침, 막가는 계절의 끄트머리에 선 오늘, 산을 오른다. 아마도 떠나야 할 때를 안다는 한 움큼 접점인 산야의 모습인지도 모른다. 위로는 깡마른 나무의 군상이, 헤집은 파란 하늘이 싱그런 속살을 내비친다. 그토록 쌓인 눈 덮인 하얀 산야는 깡그리 어디론가 떠나고 만 자국에는 잎의 시체가 얼굴을 내민다. 지난 해 가을의 멋과 낭만을 함빡 안겨준 색색의 잎들의 청순한 문채요 작태가 나의 눈 속을 서성이게 한다.

남쪽에서 살가운 마음씨를 실은 청아한 봄바람의 소리가 아직은 매몰찬 바람이 되어 살갗을 다독인다. 낙엽 덮인 땅에서는 벌써 신비로운 무게로 솟아오른 연둣빛 촉순의 발그레한 웃음기가 곧 우르르 피어나는 짓이 예서 가까운지라, 봄을 알리는 경칩에 습습한 자세로 마음의 미소를 띤다. 봄의 소리가 노래되어 귀보다 마음이 먼저 듣는다. 이는 온 곱은 나의 태깔이며 무늬가 담쑥 연출하는 순간이기도 하다.

영혼의 울림을 담은 청정한 소나무의 의젓한 의지는 지난 겨울의 날선 냉천冷天을 견뎌낸 소담한 모습, 어디선가 얕은 솔 향을 찾아 흔적을 새겨놓기라도 하듯 날아든 텃새가 간질이는 소리를 듣는다. 자연에 순응하며 유연히 흐르는 새의 노래 소리는 그대로 음악이다. 고갯마루 둔덕에 무리지어 핀 새들의 다정한 벗이 된 물억새는 차가운 계절을 난 채 실바람에 일렁인다. 아릿한 심상이 부푼 가슴과 뜨거운 설렘을 퍼 담으면서 살아 숨쉬는 숲길을 재촉한다. 나는 어느새 숲 주인이 되어 겨울이 가는 숲의 정겨움을 길손의 눈에 담아가는 길안내를 한다할까.

때때로 난 애연藹然한 숲길을 걷는다. 탓하지 않는 나무는 사람에게 가장 지혜로운 행복을 실어다 준다. 즐겁게 웃으며 살아가는 사람을 만들고, 마음과 삶에 인내하는 뿌리를 내리게도 한다. 설뚱한 사람, 텁텁한 사람, 궤젓한 사람, 그악한 사람, 부지꾼, 딸각발이, 이 모두를 아우른 수련의 마음씨의 세계로 만들고 또한 사람을 이끄는 심오한 철학을 배우게 한다. 그래서 나무와 숲의 만상은 무언의 교사가 되어 인생에 자연의 슬기로움을 얻게도 하고 알찬 삶의 열매를 맺게도 한다. 이는 천작天作의 모습이다.

잔잔한 고요의 숲길에 문득 솔바람을 탄 소리에 아람찬 소나무들이 반긴다. 길길이 솟은 굴참나무 숲을 지나면 금송아지 바위를 만난다. 이 바위의 전설을 읽으며 산자락으로 발길을 바꿔 가자면 대나무 밭에는 사각사각 몸 부비는 고향의 댓잎 소리를 듣는다. 이곳은 새들의 집이며 겨우내 추위를 피한 보금자리다.

하루를 여는 이 아침에 숲의 애잔한 미의 소리를 듣는다. 포근히 내린 따순 햇살이 있어 나목은 쓸쓸하지 않는가 싶다. 너무 흔하고 너무 변화 없는 무심한 작은 일상들이 얼마나 소중한지를 생각하는 아침의 숲길이다. 진심을 담아 다정하게 말할 수 있고, 다른 사람의 맘을 헤아릴 수 있는 그런 상긋한 일상으로 피어난 하루가 되길 바라는 아침길이다. 발굽에 부딪는 가랑잎이 땅에 구르는 소리에 나의 담백한 그리움을 전하고 싶은 아침의 발자국이다. 뒤늦은 걸음을 옮겨 내가 가는 곳에 닿았을 때, 바라는 네가 그곳에 있었으면 하는 이 걸음이다.

"자연은 신의 살아있는 옷이다."하는 카알라일의 명언이 자연 속에 살아가는 일이 신비로움을 지닌 우리의 기본을 말하고 있지 않은가. 산속의 호흡은 지혜를 경외하는 길로 안내하는 지름길인가. 빛(금, 은, 보석)보다 지혜를 선호하는 이유는 끊임없는 광채가 지혜에서 나오기 때문이 아닐까. 숲, 그리고 나무들의 숱한 말에 가만가만히 귀 기울여보라. 새로운 지혜가 꽃처럼 피어 우리의 생이 보다 향기로워질 것이다.

나는 겸공한 마음을 나무에서 배운다. 순례의 길에서 삶의 영적 음료와 양식이 필요함을 일게 한다. 무림茂林에서 겸손과 사랑을 일궈내는 조화를 가진 나무를 사랑한다. 나무숲이 부르는 자연의 참 뜻을 안다. 그것은 무얼까? 우리에게 주어진 목표란 이웃에게 베풀고 소천을 준비하는 삶을 지시한다.

인생이 연극이라면 배우는 관객을 탓하지 않는다. 더불어 인생이 소설이라면 작가는 독자를 묻지 아니한다는 정의를 해본다. 생의 바탕은 부드러운 마음씨에 있다. 나보다 겸허한 태도와 은밀한 결핍과 어려움을 떠맡는 마음을 길러야 하겠다. 이곳에서 숙숙肅肅함이 슴슴히 우러나는 사랑의 몸짓이 우릴 즐겁게 해 주지 않을까.

숲이 길잡이가 되어 웃음이 있는 곳으로 이끈다. 마음속으로 우는 사람을 만나 홍소로 바뀌게 하는 혼을 넣고 싶어서다. 나아가 웃음보다 더욱 값진 '미소'를 짓는 일이다. 우리 주변에는 웃음은 많으나 미소하는 사람은 적다. 이런 때, 미소는 멀리 가 있다. 우리는 마음에서 우러나는 정직한 미소, 용서하는 미소, 위로하는 미소, 어머니 같은 미소를 할 줄 알아야 하겠다. 이는 모두가 사랑의 바탕에서만 이루어진다는 진리를 안고 있다. 이에 돈오頓悟한 묵상은 숲이란 자연에서 배우게 되고, 숲으로부터 에너지와 열정의 기운을 마실 때, 자연의 평화가 우리에게 흘러들지 않겠는가. 이는 맑은 샘물의 원천에서 청순한 바람과 함께 일궈낸 소산이 아닐까.

오늘 아침의 산행은 보배롭고 지순하고, 청아淸雅한 새봄의 바람소리를 감싸 나의 마음과 주변을 다독인다.

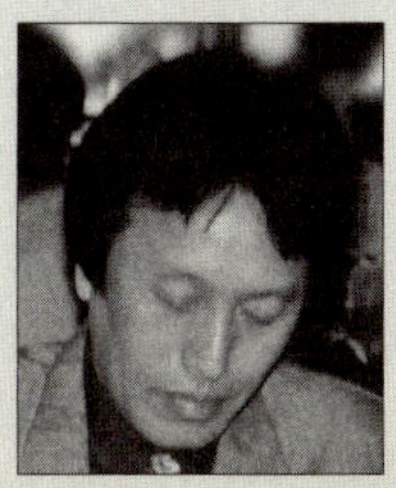

이창옥

『월간문학』 수필 등단 (1983년)
한국문인협회, 펜문학협회, 전북문협, 호주문협, 전북수필문학회장, 현대수필이사, 전북문단이사, 한국수필 이사
수상 : 전북문인협회상, 풍남문학대상, 한국문인대상, 국민훈장 동백장
저서 : 수필집 『갈꽃 길섶이야기』등 5권, E-mail : leeco41@naver.com

지연희

7

관계의 끈

짙은 녹음의 6월 숲이다. 키 작은 산딸나무, 청단풍나무, 이팝나무 들이 서로 키 재기를 하며 몸을 흔들고 있다. 마치 개구쟁이 소년인 돌이와 꽁이처럼 서로 몸을 당기거나 부딪치기도 하며 숲의 동심을 자아내고 있다. 한 걸음 더 나아가 낮은 자세로 앉아 아름드리 굵은 나무 밑둥을 내려다보면 선태식물인 이끼들의 조용한 속삭임을 들을 수 있다. 잎과 줄기의 구별이 분명하지 않아 서로 스크럼을 짜듯 무리를 이루고 있는 모양이 마치 럭비선수들 같다. 서로 똘똘 뭉쳐 머리를 낮추고 몸을 끌어안고 있는 듯 단결된 모양새다. 너와 나의 끈으로 올곧게 연결된 관계의 회로 속에 다소곳이 숨 쉬고 있다.

나뭇가지와 바람, 그리고 나뭇잎- 그들 사이로 스며와 반짝이는 햇살을 바라보면 모두가 환한 웃음을 짓고 있다. 무슨 기쁨인지 몰라도 무슨 행복인지 몰라도 가지를 흔들던 바람과 그 바람의 손끝에서 춤을 추는 나뭇잎이 얼마나 아름다운지 모른다. 햇살의 미더운 숨결이 이들의 일상을 윤기나게 어루만진 결과이다. 매일 아침 눈을 뜨면 어제와 같은 아침이 창문가에 햇살을 앉혀놓고, 참새 몇 마리 전깃줄에 지저귈 때면 내 새날의 삶이 무엇인지 알 수 없는 기쁨과 희망으로 가득해진다. 한걸음 돌아서면 누군가 내 곁을, 무엇인가 내 곁에 눈을 맞추고 있다는 안위이다.

죽녹원 대숲 속에 들어서면 조용한 미풍으로부터 시작하여 서서히 세기를 더하는 대숲의 숨소리를 듣게 된다. 쏴아 쏴- 모래사장에 밀려드는 바닷물의 청정한 음조音調 같기도 하여 눈을 감아 보았다. 6월의 대숲이 전하는 밀어일지도 모른다는 생각에 걸음을 더하다가 먼 듯 가까운 듯 취각을 흔드는 향기에 걸음을 멈춰서고 말았다. 바람이 전해주는 선물이었다. 미세한 향기에 취하고 나서야 하늘 높은 높이의 대나무 밑 불쑥불쑥 솟아오른 죽순들과 눈을 마주쳤다. 저 어린 생명들이 있어 죽녹원 숲의 역사는 겹겹이 이어질 것이라는 믿음으로 존재하고 있었다. 너와 나로 잇는 은밀한 관계의 시작을 보았다.

사람의 숲에 들어서면 도로변 수없이 많은 인파속에서 옷깃 하나만 스쳐도 전생의 인연에 연유한 것이라 말하고 있다. 산딸나무, 청단풍나무가 소나무 곁이나 자귀나무 밑에 뿌리를 내려 사는 까닭도 전생의 인연에 연유한 것이라 한다. 시인 한 분이 카카오 톡에 탤런트 김수미와 김혜자의 우정어린 미담을 보내와 감동스럽게 읽었다. 남편의 사업 실패로 빚더미에 앉은 김수미의 사정을 알고 김혜자는 전 재산이 든 통장을 내주었다고 한다. 힘들고 어려울 때 기꺼이 전 재산을 내어 줄 수 있었던 김혜자에게 김수미는 자신의 목숨까지 내어 놓을 만큼의 사랑을 보내고 있었다. 긴박한 삶의 순간을 맞이했을 때, 신뢰와 사랑을 나눌 수 있는 관계의 한 사람이 곁에 있다면 참으로 소중한 인연이며 행복을 누릴 수 있는 사람일 것이다.

숲은 때로는 잠잠하고 조용한 고요의 늪이 되기도 하지만, 가끔은 폭풍우 몰아치는 아우성으로 혼돈스러울 때가 있다. 불협화음의 대상과 대상들이 서로 등을 돌리는 관계가 되어 기둥이 무너지고 가지가 꺾이는 아픔을 겪고 있다. 뜻하지 않은 폭풍우가 숲을 비집고 가지를 휘어잡으면 아름드리 느티나무도 키 낮은 나무들의 몸체를 무너뜨리고 만다. 양식 없는 무뢰한들이 어린 소녀들의 아직 피워내지도 못한 꽃봉오리를 꺾어 놓고 평생 상처의 아픔으로 앓게 하는 이 참담한 현실에 슬퍼하지 않을 수 없다. 잘 가꾸고 다듬어 미래의 재목으로 키워내야 할 꽃나무 한 그루였다. 너는 누구이고 너와 관계를 소통하고 있는 나는 누구로부터 비롯되어 세상을 호흡하고 있다는 깨달음이 더욱 필요한 시기인 듯하다.

가까이 곁을 이루는 너와 나의 관계는 더욱 상처가 되기 쉽고, 상처를 입기 쉽다. 그러나 믿음이라는 신뢰가 서로에게 놓여진 불신의 벽을 무너뜨릴 수 있는 디딤돌이 되겠지만 삶은 너와 나를 잇는 소중한 관계의 끈이다. 너의 곁에 낮은 자세로 서 있는 '나'일 수 있고 '너'일 수 있다는 이 아름다움이 어쩌면 하루에 절은 고단을 치유하고, 내일을 여는 희망으로 존재하는지 모른다. 무심코 곁을 이루더니 어느 날 네가 대관령 자연 휴양림의 한 그루 아름드리 소나무가 되어 내 곁을 지키고 있다는 사실에 눈을 뜨게 되는 고맙고 은혜로운 일, 이 인연을 사랑하지 않을 수 없다.

지연희

『월간문학』 수필 등단 (1983년), 『시문학』 시 당선, 충북 청주 출생
한국문인협회 수필분과회장, 한국수필가협회 부이사장, 국제 펜클럽 한국본부 이사, 한국여성문학인회 부이사장, 계간 문파문학 발행인
수상 : 동포문학상, 한국수필상, 소월문학상, 대한문학상 대상, 예총 예술문학상 문학부문, 저서 : 수필집 『사계절에 취하다』, 『매일을 삶의 마지막 날이라고 생각할 수 있을 때』 외 12권, 시집 『남자는 오레오라고 쓴 과자 케이스를 들고 있었다』 외 6권, E-mail : yhee21@naver.com

조성호

8
목포 민어회

목포를 향해 떠난다. 첫선을 보러가는 총각처럼 설레는 마음으로 처음 만나는 도시에 애정 어린 상상을 더하며 차창을 내어다본다. 한가한 서해고속도로로 김제평야의 너른 들판을 지나며 초록의 생명력에 감탄하랴, 강론에 열중인 성 신부님 말씀을 경청하랴 바쁘다. 구약성서의 줄거리와 역사적 배경을 세 시간에 압축하여 펼치려는 의도는 강의실의 딱딱함을 벗어나 훨씬 자연스러운 분위기 때문에 효과적이다.

청주가톨릭의료인협회 모임인 간호사회, 약사회, 의사회가 뭉뚱그려 한 버스에 타고 지도신부 뜻에 따라 무작정 목포로 향한다. 아무래도 전문 직종에 얽매다 보니 시간에 쫓기어 신앙생활이 부실한 터이고, 이를 극복하기 위한 최선의 선택이 낯선 도시에서 폭염주의보가 내린 한더위에 웬 민어회냐는 생뚱맞은 발상을 무릅쓰고 목포에 온 것이다.

나는 여행 때면 묵혀두었던 시집을 하나 골라 챙겨 즐겨 본다. 사 두고도 막상 읽지 못하는 시집은 차 안에서 틈틈이 보려 하지만 그것도 쉽진 않다. 발간연도를 보니 6년이나 된 안도현 시집을 펼치니 마침 '민어회'

가 나온다. "집에서 멀리 나가 혼자 어둑하게 누워 있고 싶을 때가 있다"는 첫머리가 지금 집을 떠나는 도시인의 심경을 잘 말해준다.

아침 일찍 출발하여 목포 산정동성당에 11시에 도착했다. 광주교구에서 광주보다 먼저 주교좌성당이었다는 이 성당은 오래된 성당이기도 하지만 '레지오 마리애' 조직을 처음 도입하여 전국에 펼친 유서 깊은 현대의 성지이기도 하다. 말하자면 우리는 성지 순례를 온 셈이다. 성당마다 있는 이 단체는 군대조직처럼 조직적으로 단단하여 신심을 키우는 좋은 방편이 된다. 우리 식구들만으로 아침미사를 마치고 신부님 뒤를 따라 목포의 명물 유달산에 오른다.

한눈에 목포가 다 보인다. '목포는 항구다'를 증명하듯 항구의 오밀조밀한 섬이며 육지가 그대로 그림이다. 유달산은 예쁜 바위들이 숲속에 잘 배치되어 그대로 예술품이다. 노적봉이며 산 정상이 범상치 않다.

허기진 배를 안고 산 아래 영란횟집 이층으로 오른다. 44명이 그득 들어찬다. 성 신부님은 이 집에 대한 인연과 민어회에 대해 감회가 깊다. 신부되기 위한 광주가톨릭대학 시절부터 이곳을 다녔고 한여름 보양식으로 이만한 것이 없다고 예찬이 대단하다. 여기 사람들은 '1품 민어회, 2품 도미회, 3품 보신탕'을 손꼽는다며 으뜸 품격임을 강조한다. 바다 없는 충북 사람들도 회는 즐기는 셈이지만 여름회는 생소하고 더구나 민어회는 도대체 먹어본 사람이 없다. 생전 처음 만나는 음식 앞에서 배고픔에 더하여 우리는 감격할 지경이었다.

소복 솟아오른 민어회가 우리 앞에 나타났을 때 우리는 절로 박수가 터져 나왔다. 봉긋이 솟아오른 회 접시는 방금 보고 온 노적봉을 그대로 옮겨 놓은 형상이다. 다진 양배추 위에 발그레 연분홍 살색으로 나타난

회를 보는 순간 들고 온 시집의 '민어회' 한 구절이 그대로 떠오른다. '곧장 목포 유달산 밑으로 가서 영란횟집 계산대 앞에 민어 한 마리로 누워 있겠다'는 심정에다가 '혹여 전화하지 마라 올 테면 연분홍 살을 뜨는 칼처럼 오라 바다의 무릉도원에서 딴 복사꽃을 살의 갈피마다 켜켜이 끼워 둘 것이니'로 표현했듯 민어회의 연분홍 빛깔이 감동을 자아낸다. 사실 나로서는 회의 맛을 구별은커녕 여간 먹을 기회도 드문 편이다. 그런데 시에도 나올 유명한 횟집에 와 있다니!

돌아오는 차 속에서야 나는 이 '민어회' 구절을 소개했다. 먹느라고 왁자한 식당에서야 어디 시 나부랭이를 꺼낼 엄두가 나랴. 성서 곳곳에 주님의 잔치, 동네잔치, 음식의 이야기가 널려 있음도 인생에서 음식의 소중함을 강조한 것일 터다.

안도현의 시에 재미있는 음식에 대한 시가 많다. 동시집 '냠냠'은 모두 친근한 음식을 노래하여 손주들에게 이 책을 선물한 적이 있다. 맛깔난 시 '병어회와 깻잎'이며 '매생이국'도 소개하며, 이북 출신인 백석의 시에서도 음식과 사랑이 얽힌 이야깃거리가 많다고 소개한다.

멀리 온 길에 '목포문학관'을 들렀으면 싶지만 오늘은 폭염주의보로 곧바로 귀가한다고 한다. 내가 회장을 할 때면 성지 순례 적에는 인근 문학의 성지, 문학의 산실을 찾아보곤 했다. 미리내성지에는 조병화 시인의 편운재를, 연풍성지에서는 벽초 홍명희 기념비며 생가를, 배티성지에서는 포석 조명희 문학비를 들르며 문학의 체취를 느끼고자 했지만 막상 시간에 쫓겨 가지 못한 곳도 있다.

목포는 '예향'다운 도시다. 애절한 노래 말고도 훌륭한 문인이 여러분 태어난 곳이다. 수산 김우진 극작가가 희곡에 있어 선구적인 역할을 했다. 나의 종조부인 포석 조명희 할아버지에게도 희곡 쓰기를 권유하여 '김영일의 사'를 갑작스레 썼고 이 극본으로 함께 전국 공연도 했던 1920년대의 절친이었다. 동경 유학시절에 만난 인연이다. 목포의 갑부인 아버지는 가업을 잇게 하려하고, 문학의 길을 걷겠다는 작가의 의지는 서로 충돌하여 결국은 현해탄에서 소프라노 성악가 윤심덕과 함께 죽는 비운을 빚고야 말았다. 포석 할아버지는 친구의 죽음을 슬퍼하며 '김수산군을 회함'이란 명 수필을 남기셨다.

여성 작가가 드물던 시대 장편소설을 처음으로 쓰며 여류작가란 이름을 날렸던 박화성 소설가가 여기 출신이다. 그의 아들 천승세 소설가도.

박화성 소설가는 나의 큰아버지인 벽암 시인과 아주 친밀하게 지냈다고 몇 해 전 돌아가신 아버지는 늘 얘기하셨다. 해방 후 건설출판사를 형제분이 운영할 때 자주 놀러 왔다고.

해방 전에는 벽암 백부는 직장일로 목포 출장을 자주 가며 여기서 머물기도 하고 '여수'란 시도 남기셨다. '해만 저물면 바닷물처럼 짭조름히 절인 여수/오늘도 나그네의 외로움을 차창에 맡기고'란 명시를 낳은 것도 목포 여행길 덕일 것이다. 후에 '향수'란 제목으로 바뀌며 시집 이름이 되었지만 목포와 인연은 상당히 깊었던 성 싶다.

'아늑히 살어둠 깃들인 안개마을이면/따스한 보금자리 그리워 포드득 날아들고 싶어라'

'향수' 구절을 되뇌며 집으로 간다.

조성호

『월간문학』 수필 등단 (1983년), 충북청주 출생
충북대학교 약학대 졸업, 한국문인협회, 대표에세이문학회 회원, 동양일보 논설위원, 현 청주시 영진약국 경영
저서 : 수필집 『재생 인생』
E-mail : yj4614@hanmail.net

김수봉

9

포클레인과 패랭이꽃

아! 패랭이꽃이 피어있다. 포클레인 밑에서 여러 봉오리의 꽃이 피어오른다. 꽃들은 그 육중한 포클레인을 들어 올리려는 듯 뻗쳐오르는 활개로 한들거린다.

천변 둔치 길에서다. 가끔씩 오후의 걷기운동에 나서곤 하는 나의 산책로. 흘러가는 냇물에선 은빛 갈겨니들이 치뛰는 모습도 볼 수 있고, 키 높이로 자란 온갖 푸나무서리를 걷다보면 상큼한 바람과 만나기도 한다.

그 천변이 지난해 가을부터 뭉개지기 시작했다. 하천 정비 사업이라는 이름으로 포클레인과 불도저가 들어와서는 높고 낮은 땅을 평평하게 고르고 굽이진 물길은 직선으로 바꾸어가고 있었다. 풀과 나무는 아무런 저항도 못한 채 무참히 갈아엎어졌고 깔아뭉개져 갔다.

관청에서 하는 일이라서 소수 시민의 반대 목소리는 불도저의 굉음에 묻혀버렸다. 천변 한쪽에 세운 안내판에는, 우리 도시의 미관과 쾌적한 환경을 위한 사업이니 시민의 안전을 위해서 출입을 금한다는 말과, '불편을 드려서 대단히 죄송하다'는 치렛말을 써 붙였다. 설사 '출입금지' 팻말이 없었다 해도 나는 더 이상 푸나무서리가 없는 그곳에 갈 일이 없어졌다.

가을이 번쩍 지나가버리고 겨울의 끝자락에서 쑥부쟁이 싹이 돋을 때쯤 정비공사는 마무리된 듯했다. 시커멓게 뒤집혀진 맨땅에 시멘트 발린 자전거 길과 산책로가 만들어졌다. 거기에는 새봄이 되어도 봄의 전령사는 오지 않을 것 같았다. 그래서 천변을 걷지 않았다.

그러나 여름장마가 끝나고 모처럼 좋은 햇살이 돋아 오른 아침 나는 옛 친구를 만나러 가듯 발길을 향했다.

아! 놀라지 않을 수가 없었다. 포클레인과 불도저가 남긴 발자국들에서 좀 늦었지만 풀꽃들이 왕성히 자라나고 있었다. 강아지풀, 쇠비름, 토끼풀, 쇠뜨기들이 어깨를 맞대듯 커가고 있었다.

이때부터 나는 하루 걸러가 멀다하고 해질녘 천변을 다시 걸었다. 달개비꽃과 메꽃은 어느새 피기 시작해서 날마다 새 꽃을 피워내고, 코스모스와 달맞이꽃은 화사한 가을의 멋을 준비하느라 바빴다. 그 중에서도 가장 왕성한 것은 개망초와 패랭이꽃이었다. 나는 그것들의 강인한 생명력을 무쇠덩어리 그 포클레인 아래서 본 것이다.

공사가 이미 끝났는데 웬 포클레인이 아직도 거기 놓여있는 것일까. 고장으로 아주 못쓰게 돼버린 걸까. 중장비업자가 부도가 나서 팽개치고 도주해버린 걸까. 아니면, '이 거창한 역사役事는 내가 다 해놓았노라'라고 알리고 싶어서 기념탑처럼 세워둔 것일까.

나는 저 전설 속의 일각수一角獸같은 괴물을 보면서 궁금한 일들이 좀체 풀리지 않았지만 나와는 상관이 없는 듯해서 그만 생각을 접기로 했다. 다만 그 녹슬어가는 괴물 아래서 뻗쳐오르는 풀과 꽃들의 힘이 마침

내 저 무쇠덩이를 이겨내고 말거라는 확신이 섰다.

생명이 있는 것들은 날로 그 강인함이 더해가고 어떤 견고한 것도 생명 없이는 쇄진해간다는 원리에서다. 무쇠괴물은 어느 세월 후에는 녹슬고 삭아 내려서 흙에 묻히지만 그 흙 속에서 패랭이꽃은 다시 피어오를 것이다.

장맛비가 내리고 때로는 폭우가 휩쓸어갔어도 다시 일어서는 풀들, 그 풀들을 보며 하찮은 잡초로만 여겼던 사람들도 이제는 알아갈 것이다. 그 풀꽃들의 힘과 그것들이 이 자연과 사람을 위하여 해내고 있는 일들의 고마움을.

바위와 쇳덩이와 콘크리트만 강한 거라고 여기던 사람들도, 버섯이 아스팔트길을 뚫고 코스모스가 시멘트벽을 깨고 나와 꽃을 피운 장면을 TV화면에서라도 보고 감탄했던 사람이라면 알 것이다.

'어떤 반석도 떨어지는 물방울에 구멍 뚫리지 않음이 없고, 소나무 뿌리에 틈을 내주지 않는 바위 없다.'라는 옛말의 진의를 알게 될 것이고 생명의 힘이 얼마나 위대한 것인가도 깨칠 것이다. 또 일찍이 음양오행설의 상극설相剋說이 말하는 '나무는 아무리 단단한 땅도 뚫고 솟아난다. 木剋土'란 이치에도 고개가 끄덕여질 것이다.

힘이 없어 보이는 것들에도 잠재된 능력은 있고, 오늘 힘없어 눌려만 사는 멍추들도 내일은 강인한 힘을 발휘하여 솟아오를 수 있다는 섭리를 우리는 되새겨서 간직할 일이다.

김수봉

『월간문학』 수필 등단 (1984년), 조선대 국문과 졸업
광주문인협회 회장, 무등수필회장, 한국문협이사 역임
수상 : 현대수필문학상, 광주문화예술상, 소월문학상 등
저서 : 수필집 『전라도 말씨로』, 『삼밭에 죽순나니』 등 8권
E-mail : sbkim3276@hanmail.net

김소경

10
오천원이 들려준 말

시월 중순을 넘긴 치악산은 눈길 가는 곳마다 낙엽으로 꽃 잔치다. 원주를 지나 사북으로 가는 산길은 가을 병풍이 산허리를 돌며 이어진다. 누군가 무심하게 물감을 풀어 놓은 것 같은 산야를 빈손으로 은혜를 받은 듯 바라본다.

정오쯤, 정선을 지나면서 곤드레 밥을 잘 한다는 음식점을 찾았다. 보약이 따로 없을 것 같은 토속음식을 먹고 바라본 하늘이, 천진한 동심처럼 맑게 다가온다. 가을을 만나러 떠나지 않으면 유죄라고 한 어느 신부님의 유머를 떠올리면서 샘물 같은 산골 공기를 마신다.

사북은 초행길이었다. 학회 참석차 가는 아들과 동행하면서, 이곳에 희비가 엇갈리는 카지노가 있다는 것도 이번에 알게 되었다. 정선 어디쯤에 있는 줄 알고 있었는데 마을 초입에서부터 전당사라는 간판이 더러 보인다. 예전에 전당포가 이름을 바꾼 모양이다. 생활고 보다는 카지노를 찾는 사람들이 손님이 아닐까 짐작해 본다. 탄광촌이던 마을이 이렇게 다른 모습으로 변해서 지역 발전에 기여한 바는 있겠으나, 한편으로 가끔 들어 온 카지노에 얽힌 어두운 일들이 떠오르기도 했다.

해가 지자, 카지노가 있는 호텔 주변으로 화려한 불빛이 켜진다. 도로를 내려다보니 차량들이 줄을 대고 들어온다. 가을 산을 따라 오는 사람들에서부터 저마다 발길이 다를 수 있겠구나 싶었다.

연전 마카오에 갔을 때 그곳에 있는 카지노를 둘러 본 적이 있다. 처음 본 그 안의 광경은 호기심은 잠시고 뭔가 다른 세계 같은 느낌이 들었다. 규모도 규모지만 저마다 게임에 열중하고 있는 사람들의 표정이 아직도 생생하다. 마카오는 그렇다하고 여기는 어떤 분위기인지 궁금하다고 했더니 아들이 시간을 내 보자고 했다.

다음 날, 이른 저녁을 마치고 카지노가 있는 곳으로 갔다. 그런데 마카오와 달리 여기는 신분증을 보이고 입장권을 사야 들어 갈 수가 있다. 남편이 경노우대가 되느냐고 물었더니 직원이 아니라면서 웃는다. 경노할인 받으면서 노년에 들어갈 곳은 아닌 모양이다. 아들이 게임할 돈으로 오천 원을 준비하고 들어가는데, 직원이 내게 얼굴이 보이도록 모자를 올려 달라고 한다. 마카오와 달라서 기분이 좀 그랬지만, 신분확인이 필요한 경우가 있을 수 있다는 말에 수긍을 했다.

내 입장권은 5893번, 마카오보다는 규모가 작지만 벌써 안에는 빈자리가 보이지 않았다. 한 바퀴 돌아 보고나서 아들이 자리 하나를 잡고 우리를 차례로 앉힌다. 시키는 대로 해 보았더니 40원을 따고 또 잃어버리는 일이 반복된다. 여기서 어떻게 백만 단위의 대박이 나올까, 내 의지와는 상관없는 지루한 행위의 연속이었다. 혹시나 하는 사심이 들기도 했으나 헛수고였다. 이제 그만 갈까하는데 한 남자가 다가오더니 코치노릇을 자청한다. 자기 자리에서 도통 나오지를 않아서 잠시 쉬는 중이라는 남자는, 반나절에 웬만한 중견사원의 월급을 날렸다고 했다.

자칭 이곳 단골손님이라는 남자는 한창 일을 할 나이쯤으로 보였다. 횡재를 해 보았느냐고 했더니, 몇 년 사이에 집 한 채를 날렸다면서 웃는다. 그런 짓을 왜 하느냐는 말에 게임을 즐긴다는 대답이다. 카지노는 도박이 아니고, 나라에서 허가해 준 게임이라는 말이다. 잠자코 듣고 있던 남편이 딱한 마음으로 한 마디 해도 도박이 아니라고 우긴다.

서울에서 기름 값 십만 원을 들이고 와도 늦게 오면 자리가 없다고 한다. 자리를 잡으면 밥 먹을 시간도 10분 남짓이라는 남자는 자신과 같은 사람들의 말로가 어떤지도 훤히 알고 있다. 동료들이 이미 하늘나라로 가서 통 반장을 하고 있을 거라는 말을 쉽게 한다. 오천 원으로 카지노에서 별난 인생담을 듣고 있는 셈인데, 그는 마치 지인이라도 만난 듯 그간의 사연을 풀어 놓는다. 예를 갖추면서 인사까지 하는 사람을 두고 나오는 마음이 편치가 않았다.

나라에서 허가해 준 게임이란 말이 선뜻 이해가 되지 않았다. 자신을 합리화하려는 사람의 말이기도 하겠지만, 하루에 20시간을 개장한다는 것은 무리가 아닐까. 적당히 게임을 하는 사람들도 있지만 아침 6시까지 밤샘하는 이들의 수도 만만치 않다고 한다. 그 안에 진료시스템이 있다 해도, 게임에 중독되는 사람들을 미연에 방지하기 위한 뭔가 운영 규칙이 필요해 보였다.

어찌 보면 인생이 게임의 연속인지도 모른다. 저마다 자기분야에서 혼신의 노력을 하는 사람과 요행을 바라면서 자신을 소모시키는 사람과의 차이라 할까. 요행을 바라는 속성은 누구에게나 있기 마련이다. 그 속성으로 뭔가 단숨에 얻으려하는 것은 무지개를 잡겠다는 꿈에 불과하다.

온전한 꿈을 향해, 한 계단씩 오르는 과정은 축복을 동반하는 아름다움이 아니겠는가.

언제부터인지, 현대인은 알게 모르게 다양한 중독에 빠질 위험을 안고 살아간다. 비단도 고우나 무명의 질감이 주는 편안함을 아는 것이 자신과 주위를 지키는 처세라는 것을 모르는 이가 있을까. 그래도 자고나면 어수선한 일들이 꼬리를 물고 이어진다. 어제 우리가 버린 오천 원은 텃밭에 씨앗을 뿌린 것도 아니고 자선냄비에 넣은 온정도 아니다. 새삼 사는 일에 뭔가 지나침은 없는지 자신을 돌아보게 한 경험이었다 할까.

하룻밤을 묵고 사북에서 일찍 출발한 서울 길은 막힘이 없이 이어졌다. 가을 나뭇잎들은 지난 밤 별 보고 잠을 잔 듯 고운 모습 그대로였다.

김소경

『월간문학』 등단 (1986년), 함북회령 출생
이화여대 국문과 졸업
수상 : 현대수필문학상 (1997년)
저서 : 수필집 『모과나무 곁에서』, 『행복이라는 이름의 나무』, 『꽃말 찾기』, 『약을 팔지 않는 약사』
E-mail : bluestar215@hanmail.net

권남희

11

꽃 춤

"환갑잔치 날 받은 사람은 남의 환갑잔치 안 간다는디."

단골에게서 점을 치고 온 게 분명한 어머니의 말투는 강하기까지 하다. 이미 이모부 잔치에 가기로 마음을 굳힌 아버지는 '그게 뭐 대수냐'는 듯 대꾸도 없이 옷을 갈아입는다. 아버지는 들뜨고 흥분까지 한 얼굴빛으로 이모부 회갑잔치가 벌어지고 있는 월평리로 자전거를 타고 마당을 떠난다. 휙 바람이 일었을까, 아버지가 심어둔 백목련 꽃송이가 투둑 떨어진다. 사람들은, 아버지가 처가행사에 안 빠지고 다니는 모습을 안쓰러워한다. 북한에 두고 온 부모형제 보고 싶은 마음에 때마다 얼마나 섧겠냐는 해설까지 덧붙이곤 한다.

어머니와 함께 도착한 저녁나절의 월평리는 동구 밖까지 잔치분위기가 넘실거리고 있다. 너른 마당에는 목련꽃 핀 나무 사이로 천막이 몇 개 쳐져있고 어른 아이 할 것 없이 불빛과 함께 덩실거리고 있다. 백일이 막 지난 아들을 안고 있는 나까지 어깨짓을 달막대고 이곳저곳을 더덩실 떠다닌다. 흥이 고조된 마당은 술 단지와 통돼지와 노래에 흠뻑 취해 밤을 밝혀야 성이 풀릴 듯 싶다. 나는 어울릴 또래를 찾느라 이 방 저 방 기웃거리다 비슷한 또래의 사촌언니, 형부가 무리져 있는 골방으로 자리를 잡아 이런 저런 이야기로 시간을 보낸다. 가끔은 시끌시끌한 마당이 궁금하여 귀가 맞지 않아 한쪽으로 일그러진 골방 문틈을 내다본다. 도시에서 만나지 못하는 이런 축제 같은 마당놀이에 가슴이 뻐근해짐을 느낀다. 가을환갑 잔칫날을 받아 둔 아버지도 분명 천막 친 마당놀이를 꿈꾸고 있으리라. 혼감한 집안 풍경에 목말라하는 아버지는 어머니 집안 행사에 빠지지 않고 참석해왔기에 초대 손님은 모두 이모들과 이모부, 사촌, 육촌 등 어머니 친척들일 게 분명하다.

마당으로 고개를 돌리던 나는 갑자기 뭐라 형언할 수 없이 가슴이 미어지는 충격을 받고 만다. 잘 마시지 못하는 술 몇 잔에 휘청거리는 아버지가 보였던 것이다. 못 볼 것을 본 양 고개를 돌리다 나는 다시 아버지를 훔쳐본다. 눈물이 솟아 고개를 돌리고 다시 또 훔쳐보기를…….

하얀 목련꽃 아래 춤 굿이 벌어진 마당에서 난생 처음 춤추는 아버지를 목격한 것이다. 동네사람들과 이모부와 이모들, 삼촌들이 어우러져 춤을 추는 무리에서 절름거리지 않으려 애를 쓰며 춤을 추는 아버지. 의족을 낀 다리 때문에 깨금춤인 듯, 동작이 끊어지는 매듭춤인 듯, 떼춤꾼들 사이에서 비틀거리는 아버지는 한 마리 까치다. 사람들은 노랫가락을 따라 빙빙 돌고 너울춤을 추다 어깨춤을 추고 이모들이 나비춤을 추는 그 밤 귀퉁이에서 아버지의 춤그림자만 유난히 크게 담벼락 쪽으로 휘청거린다.

한 번도 볼 수 없었던 아버지의 춤, 살풀이춤을 추듯 몸짓하는 아버지의 그림자는 그동안 느낄 수 없었던 슬픔의 일인극을 벌이고 있는 중이다. 안고 있는 아들의 얼굴로 나의 눈물이 마구 떨어져버린다. 나는 아이를 안고 방을 나와 불빛이 없는 곳으로 가 목련꽃 흔들리다 떨어지곤 하는 마당을 바라본다. 가족과 헤어지고 6.25전쟁 중에 다리를 잃었던 아버지의 한이 풀린다면 밤새 아버지의 춤은 이어져야 할 것이다.

그동안 너무 아버지에게 무심했다는 자책이 쇠망치처럼 나의 등을 후려친다. 아버지의 고독에 고개 돌린 채 도망치듯 결혼하여 떠나버렸던 딸이었다. 언제부턴가 아버지는 마지막 같은 이별을 생각한 것인지 모든 시련과 고독을 원고지 몇 권에 담아 나에게 맡겨두었다.

이모부 잔치에서 신명을 풀어냈던 아버지는 집으로 돌아와서 목련나무 아래 줄줄이 국화꽃을 심는다. 마당에서 꽃과 함께 춤을 추며 잔치 한판 벌일 생각으로 여름 내내 얼마나 분주했던가. 하지만 손님들 맞을 방까지 새집 설계도면에 넣고 헌집을 허물어버리던 날 아버지는 과속 차에 치이는 교통사고를 당해 아버지가 꿈꾸던 시간들은 처참하게 부서졌다.

"이 꽃을 두고 어디 갔단 말여. 조금만 참지, 벽이라도 기대고 살아서 꽃을 봐야지."

어머니는 느닷없는 아버지의 죽음에 충격을 받아 꽃봉오리를 쓸어안고 가을 내내 눈물을 흘렸다. 불길함을 담은 꽃은 모두 뽑힌 채 태워지고 아버지는 당신의 죽음에 꽃을 바치고 고향으로 돌아간 모습이다. 결코 잊지 못하던, 황급히 떠나느라 마지막 인사도 나누지 못했던 첫 부인을 만난다면 걸어줄 꽃목걸이는 챙기신 것일까.

목련꽃 피는 어느 해 4월 나는 집 마당에 피어있는 목련을 보다가 꽃봉오리가 모두 북쪽으로 향하고 있는 걸 깨닫는다. 애초 북극지방 꽃이었다는 목련이었으니 북향으로 기우는 건 당연한 것을……. 늘 고향을 그렸던 아버지의 춤은 꽃봉오리 속에서 그렇게 살아 있었던 것이다. 흰빛은 꺾음 춤사위로 일렁이고 전쟁터에서도 한쪽다리로 살아남았던 용감한 전사, 꽃으로 뒤덮여 떠나버린 아버지가 안타까워 내 가슴속에서는 꽃들이 춤을 추는 계절을 만나곤 한다.

권남희

『월간문학』 수필 등단 (1987년)
(사)한국수필가협회 편집주간, 한국문인협회 이사, 한국여성문학인회 이사, 송파수필작가회 초대회장 역임, 현 덕성여대평생교육원, MBC아카데미, 롯데백화점 수필 강의, 수상 : 한국수필문학상, 한국문협작가상
저서 : 수필집 『육감&하이테크』, 『그대 삶의 붉은 포도밭』, 『시간의 방 혼자 남다』 등 5권, E-mail : stepany1218@hanmail.net

최문석

12

휴일

휴일이다. 행사도 약속도 없는 완전한 휴일을 맞아 모처럼 내 집 창가에 섰다. 창문을 여니 진양호가 한눈에 들어온다. 방석을 깔고 앉으면 나무 사이로 호수의 물빛이 새어나온다. 창가에 선 나무가 시야를 가린다고 베어버리길 권하는 사람들도 많지만 오히려 나무 사이로 보는 물빛이 더 좋다며 살려두고 있다. 한때 윗부분이 잘려져서 수난을 겪기도 했지만 이젠 옆가지가 위로 올라 제법 제 모습을 갖추었다. 앉은 김에 참선을 해본다며 눈을 반쯤 뜨고 나뭇가지 사이의 물속을 들여다본다. 호흡을 열 번을 세고 물속에다 던져버리고 또 열 번을 세어서 던져버리길 반복한다. 부처님의 아들인 라훌라 존자가 깨침을 얻었다고 하는 수식관이다. 마음이 가라앉는다. 평온하다.

어느 순간 알지도 못하는 얼굴 하나가 불쑥 떠올라 마음을 흔들고 지나간다. 두서없는 생각들이 연이어 떠오른다. 그만 눈을 감아 버리자 오히려 완전한 어둠이 편안하지만 차츰 졸립기 시작한다. 다시 눈을 뜨니 어느새 붉은 색의 꽤 큰 새 한 마리가 나뭇가지에 앉았다가 날아간다. 내게 무슨 말을 하려던 것일까. 이름이 무엇일까. 호흡과 일치하던 내 마음은 어느새 바깥 세계로 쉽게 내달아 달린다. 쪼그만 멧새 두 마리가 가지에 앉자마자 날아가 버리더니 이제는 한 떼가 날아와 앉아서 놀고 있다. 윗가지에서 아래가지로, 아래가지에서 윗가지로 정신없이 오르내린다. 내 마음도 따라서 움직인다. 내 마음이 새가 된 것인가. 바쁘다. 잠시 후 모두 떠난 자리에 나뭇가지만 흔들거리고 있다.

바람이 불었나보다. 바람은 보이지 않는다. 그런데도 방금 새들이 앉아서 바쁘던 내 마음에는 바람이 들어있는 것 같다. 텅 비지가 않는다. 내 마음을 잡을 수도 없다. 그때 하얀 나비 한 마리가 땅 쪽의 풀 속에서 천천히 날아오른다. 나비 따라 눈길이 머문 하늘가에는 산처럼 생겼던 구름이 멧돼지 모습으로 달리고 있다. 그만 벽에 걸린 시계가 보인다. 점심때가 되었다. 점심을 먹어야겠다고 일어서면서 생각하니 이번 휴일은 참 여러 벗들과 재미있게 놀았던 것 같다.

최문석

『월간문학』 수필 등단 (1987년), 경남고성 출생
서울대 문리대학 졸업, 한국문인협회, 대표에세이문학회, 경남수필 회장, 진주 삼현여고 이사장
저서 : 수필집『에세이 첨단과학』,『살아있는 오늘과 풀꽃의 미소』,『최문석 시론』 등
E-mail : mschoe3@hanmail.net

한석근

13

나무

나무는 일생동안 제자리를 지키며 가만히 서 있다. 씨앗이 떨어져 뿌리내린 그 땅을 떠나지 않는다. 나무는 자라는 동안 치열하게 경쟁하며 산다. 봄부터 가을까지 잎 틔워 꽃피고 열매 맺어 단풍들기까지 어느 누구도 따르지 못할만큼 군자처럼 정직하게 산다.

봄부터 가만히 나무를 보고 있노라면 나무의 한 해 삶의 시작이 얼마만큼 경쟁적이며 열정적인지를 알 수 있다. 등걸에 귀를 붙이면 뿌리에서부터 부지런히 수분과 영양소를 빨아들여 수맥을 통해 위쪽으로 보내는 소리를 아련하게 느낄 수 있다. 봄이면 하루가 다르게 메말랐던 가지 끝에 푸른빛이 비치다 연연히 돋아난 잎은 아기 손톱만큼에서 십여일 사이에 손바닥만큼 자라난다.

실낱같은 가지 끝에도 빠뜨리지 않고 수분과 영양소를 보내어서 매일같이 잎이 자라게 하는 나무의 생리는, 아기를 안고 젖 물린 어미의 모습과 다르지 않음을 깨닫게 된다. 나무는 치열하게 경쟁하며 가지를 뻗고 잎을 피워 성장을 거듭한다. 햇볕이 뜨거워진 여름이면 잎의 싱그러움으로 우듬지를 만들고 그늘에 사람들을 쉬게 하지만 실은 그 녹음이 사람을 쉬게 하기 위한 나무의 배려가 아니다. 알고 보면 나무그늘은 나무가 봄부터 치열한 생존경쟁을 위한 활동이 궁극에 이르러 나뭇잎이 무성해져서 그늘을 만들게 되는 것이다.

이러한 나무의 활동은 사람에게도 삶에 대한 반성을 시사해준다. 열정적으로 삶을 꾸리지 못하면 나무그늘을 만들어주는 녹음을 이루지 못하여, 이웃을 돕거나 남을 위하는 일마저 하지 못하는 것으로 여겨진다.

나무는 생명력이 매우 강해서 여간한 비, 바람에도 눕지 않는다. 어쩌면 넘어졌다 다시 일어서는 사람과도 비슷하게 닮았다. 돌부리에 발이 걸려 넘어졌다가도 일어서는 인간처럼 나무도 태풍에 쓰러졌다 다시 가지를 뻗고 수형이 하늘로 향한다. 이 모두는 강한 생명력 때문이다.

사계절 철 따라 옷을 바꿔 입듯이 나무의 생태 또한 비슷하다. 사람이 봄에 두꺼운 옷을 벗고 가벼운 옷을 입듯 나무는 곱게 단풍든 낙엽을 지운다. 겨울에는 나목이 된 등걸과 가지로 한풍 앞에 선 채 시린 뿌리를 잎진 낙엽을 이불삼아 추위를 견디며 동면 속에서 다음 해 살이 준비를 한다. 모질고 긴 인고의 시간 속에서도 전혀 불평하지 않고 자연의 섭리를 따르며 질서를 지킨다.

나무들의 질서는 정연하다. 어느 것 하나 남의 땅, 다른 나무의 빈 공간을 차지하지 않고 저마다 뻗은 가지와 몸을 바로 세우고 일생을 살아간다. 아무리 무덥고, 메마르고, 강풍이 불어도 태어난 모향, 땅을 지킬 뿐 떠나질 않는 게 나무의 생태며 일생이다. 그래서 나무의 생명, 아니 식물의 생명력은 사람의 생명력보다 강하다.

난의 홀씨가 바람에 날아가 어느 한곳에 떨어지면 그 곳에서 기후, 습도, 토양이 맞지 않으면 수십 년, 수백 년이 지나도 새싹이 돋지 않는다. 어느 때 우연스럽게 뿌리내릴 시기가 오면 그때 터를 잡고 일생을 살기 시작한다. 이런 식물의 생명력은 2천년 동안 무덤 속에 있던 씨앗을 화분에 심어 싹을 틔웠다는 일본 식물학자의 말에서 그 위대함을 다시 한 번 일깨워 주고 있다.

나무 한 그루 한 그루가 제각기 다른 존재이듯 나무를 바라볼 수 있는 사람만이 나무를 알 수 있다. 나무는 인고의 시간을 표현하지 않고 아파도 소리 내지 않는다. 나무 한 그루 한 그루가 제각기 다른 존재이듯 우리 인간도 나무들처럼 넉넉하고 질서를 유지하며 더불어 산다면 그것이 지상낙원일 것이다.

한석근

『월간문학』 수필 등단 (1988년), 시 등단
대표에세이 문학회, 경남수필문학회, 울산시인협회장, 처용수필문학회장 역임
수상 : 동포문학상, 펜문학상, 영호남수필문학상 등
저서 : 수필집 『봄버들연가』 등 12권, 시집 『문화유적답사시』
E-mail : dr0300@naver.com

이은영

14

그 이름은 우리 가슴에

오세영 그 이름은 우리들의 가슴에 항상 이십대 초반의 젊은 총각선생님으로 기억된다.

1965년 내가 여고 1학년 때 선생님은 서울대학을 졸업하시고 첫 직장이며 부임지인 전주기전여고에 국어선생님으로 오셨다.

여러 색깔의 꽃이 방실방실 웃는 듯 여고시절 동창생들의 얼굴들이 하나씩 떠오른다. 그 시절의 추억은 생각만으로도 들뜨고 설렌다. 그 때 선생님이 우리와 함께 계셨다. 추억과 더불어 생각나는 사람이어서인지 그는 우리 마음에서 늙지 않고 그대로 있다.

푸른 하늘을 향해 나르고 싶은 우리에게 선생님은 꿈의 날개를 달아주셨다. 그의 푸르른 마음엔 아름다운 시가 있었다. 태양의 정열과 비의 슬픔이 있는가 하면. 때론 뭉게구름의 꿈 아름다운 별과 같은 사랑의 시가 있어 더욱 신비롭고 흥미 있었다. 한번쯤 문학소녀가 되어보지 않은 사람이 없을 것이라는 소녀시절 우리에게 시인 선생님은 관심의 대상이 아닐 수 없다.

그 시절 선생님은 항상 우수가 잠겨있는 얼굴이셨고, 사람을 대하거나 수업을 하실 때도 눈동자는 먼 하늘을 응시한 채 손안에 흰 분필조각을 흔들며 누구와도 눈을 마주치지 않으셨다. 아마도 제자들이었지만 이성인 우리들 앞에서의 쑥스러움을 피하기 위해서였을 것이다.

기전여고는 일제하 때 일본인들이 신사참배를 강행하던 곳인데 미국 선교사들이 학교를 처음 세웠고 아침마다 예배를 드리는 기독교 학교로서 자유롭고 순수한 사랑이 넘쳤다.

미국인 교장선생님이 한국인으로 바뀐 뒤에도 인재양성에 노력을 아끼지 아니 했다. 학생의 수는 많지 않았지만. 특히 학생들의 재능이 엿보이면 교장 이하 모든 선생님이 다 관심을 갖고 학생들을 따로 지도해 주셨다. 학교 교복도 웨스트 라인을 살린 획기적인 자주색 앙상블쓰리피스였다.

여학생들이 천상을 향한 사다리 같은 125계단을 오를 때면 아름다운 천사들이 오르락내리락 하는 것처럼 보였다. 바로 계단 밑에 오세영선생님이 졸업하신 신흥고등학교가 있고 우리와 교문을 같이 사용했다. 고교시절의 여학교에 대한 호기심으로 인해 우리학교에 처음 오시지 않았을까.

학교 근처만 가도 사철 내내 꽃과 향기가 있었다. 계단을 걸어 동산 위를 오를 때면 5월엔 아카시아 꽃의 향기, 여름엔 패랭이꽃 언덕, 보랏빛 등꽃의 그늘, 가을엔 들국화와 코스모스의 행렬, 겨울에는 솔가지에 소복이 핀 눈꽃의 동산……. 저절로 시와 노래가 입가를 맴도는 곳이다. 선생님은 그 시절 우리들과 함께 그곳에서 많은 추억과 이야기를 만드셨다. 아름다운 시도 다작 하셨고 시인으로서의 입지를 굳히셨다. 문예반을 만들어 창작 지도를 해주셨고 대대적으로 큰 극장 무대를 빌려 학부모님과 각 학교 선생님들을 모시고 피아노 연주에 맞춰 시낭송회를 갖도록 해주셨다.

학생으로서 우리는 참 운이 좋은 셈이었다.

먼 훗날 알게 된 사실이지만 내가 얼마나 훌륭한 선생님들과 함께 공부했었고 그들의 사랑을 받았었는지 새삼스럽게 느끼게 되었다.

한국 문단에 보석처럼 아름다운 시인이며 현재 각 대학 강단에 흩어져 계시지만 이운룡, 오세영 이향아 교수님을 한꺼번에 여고 시절 모교의 은사님으로 모실 수 있었다는 것은 큰 행운이었다. 가슴 깊이 감사드린다.

추억이 있다면 고2학년 때 제주도로 수학여행을 떠났던 일이다. 그 때로선 해외여행보다 더 가기 힘들고 기대를 주었던 여행이다. 배 멀미를 하며 뱃전에서 바라보던 바다와 미역 냄새나는 밤 바닷가에서 선생님모시고 친구들과 노래를 부르던 일이 생각난다. 선생님은 총각 선생님이라 아이들의 놀림과 짓궂은 장난으로 수난도 많이 당하셨다.

여고시절 문예반을 이끌어 주시던 선생님들과 함께 가끔 소풍을 갔다. 딸기 밭에 가서 딸기를 따서 먹기도 하고 선생님들과 함께 어우러져 포크댄스를 추기도 했다.

우리 문예반 출신 중에 소설 〈혼불〉로 한국문단에 큰 획을 그은 최명희 선배가 있다. 여고시절 최명희 선배와 내 동기 정옥자는 각 대학의 백일장에 참가하여 매번 장원을 휩쓸었다. 그 후 최명희 선배는 한 때 모교의 선생님으로 재직하기도 했다. 큰 결실을 가져온 아름다운 터전이기에 기전여고의 자랑이 아닐 수 없다.

어느 날 오세영선생님의 인솔 하에 남원문화원 주최의 전국백일장에 참가했던 나는 산문 부문에 1등을 하여 체면을 유지했는데 그 때가 문학에 대한 열망을 갖게 한 시발점이었을 것이다.

젊은 날 꿈을 키우고 날개를 펴기 시작할 때 우리 곁에 누가 있었으며 어떤 영향을 주었는지가 얼마나 중요한 일인지 그땐 몰랐지만 훗날 알게 되었다.

아주 미약한 새싹이라도 가능성이 엿보이면 찾아내어 용기를 북돋아 주던 선생님…….

"어머니의 치마폭이라도 팔아 공부하고 성공 하여라. 그래야 성공하면 어머니께 더 좋은 옷을 많이 해드릴 수 있다."

우리에게 들려주시던 그 말씀은 어쩌면 선생님 마음의 독백이 아니었을까? 그다지 각박한 환경에서 자라지 않은 나는 우등생도 모범생도 아니었지만 나를 인정해 주고 귀여워해 준 선생님 덕분에 자연스럽게 문학을 사랑하고 문인의 꿈을 키워왔고 그 꿈을 이루게 되었다.

선생님의 많은 제자 중에 내가 선생님에 관하여 이 글을 쓸 수 있는 것은 어쩌면 문인의 길에서 같은 방향을 추구하는 삶이기에 주어진 행운이며 동시에 지금껏 숙제를 주시는 내 몫의 부담이 아닌가싶다.

선생님과 나의 인연은 스승과 제자이다. 남자끼리라면 가끔은 차도 마시고 술도 한잔쯤 같이할 수 있으련만 먼 듯 아주 가깝고 가까운 듯 아주 멀다.

우리는 서로를 아끼는 서로에게 아름답고 좋은 사람임에 틀림이 없다.

선생님을 존경하고 또 선생님의 시를 사랑한다. 선생님이 내 은사님이 아니었어도 나는 오세영시인의 시를 사랑했을 것이다. 서정과 지성이 잘 조화된 공감을 주는 시라서 좋아한다.

가끔 TV에서 연기자 최명길 씨가 오세영의 시를 낭송하는 것을 보았다. 코스모스 핀 창가에서, 강가에서 꽃잎을 띄우며, 보라색 등꽃아래서 차를 마시며 사랑하는 이에게 들려주고 싶은 시이다.

선생님의 시에는 사랑과 이별이 있다. 선생님의 시는 나에게 와서는 나의 시가 되고, 내 사랑이야기가 되고, 내 이별이 되어 가슴에 애절함과 그리움이 된다. 모든 이들이 가슴으로 사랑할 수 있는 시이다.

시인의 사랑은 문학을 통해 예술로 승화했기 때문에 이미 아름다움으로만 남고 용서되는지도 모른다.

오세영 그 이름은 우리 가슴에 항상 자랑스러운 우리 선생님으로 존재한다. 고독한 삶에서 벗어나 행복하고 다복한 가정 꾸려나가시며 잘 살아가시는 모습을 보여주셨고, 계단을 차근차근 오르듯이 정상을 향해 전진을 멈추지 않으셨다. 끊임없이 공부하시고 연구하시어 문학박사로 평론가로 시인으로의 입지를 견고히 하셨다. 국내뿐 아니라 세계적으로 외국어로도 번역된 선생님의 시가 자랑스럽다.

내 주소가 바뀌어도 협회 주소록을 뒤져 보내주신 여러 권의 시집들이 나에게는 소중한 보물이다. 시낭송회나 문학상시상식 또는 시화전등을 통하여 마음껏 박수쳐드리고 싶을 때 나를 기억하시고 초청해주신 그 사랑과 관심에 감사를 드린다.

선생님은 안 늙으시는 줄 알았는데 세월은 붙잡을 수 없는 화살과 같음을 실감하고 쓸쓸 하고 서운하기도 하다. 선생님뿐만 아니라 어느덧 제자인 나도 함께 늙어왔다는 사실이 실감났다.

서울대학엔 정년퇴임이 있어도 시인에겐 퇴임의 시기가 없음이 정말 다행이라는 생각을 해본다.

우린 이 후로도 오래 오랫동안 아름다운 오세영선생님의 시를 대할 수 있을 것이라 믿기 때문이다.

이은영

『월간문학』 등단 (1990년), 『문파문학』 시 등단 (2012년), 전북 전주 출생
조선대학교 여자대학 의상과 졸업
한국문인협회, 한국수필가협회, 대표에세이문학회 회원
수상 : 서울찬가 최우수상, 동포문학상
저서 : 수필집 『이제 떠나기엔 늦었다』
E-mail : 3050rose@hanmail.net

안윤자

15

삶에 대한 소고

숲에서 살다보면 계절의 변화에 민감하게 된다. 한낮은 아직 30도를 넘나드는 따가운 햇살이지만 서늘해진 조석으론 풀벌레 소리가 요요하다. 열대야의 폭서 속에서도 오차 없이 진행되고 있었던 우주질서의 오묘한 순환원리 앞에 새삼 경의를 표하지 않을 수 없다. 춥다, 덥다, 맛있다, 맛없다, 이런 감각적 언어사용을 되도록이면 쓰지 않고 살려는 나까지 올 여름엔 '아유, 더워라 가슴이 답답하네!'를 연발하지 않을 수 없었다. 정말 갈수록 너무 더운 여름이 왜 또 이렇게 길어지는 것인지.

몇 해 전 여행 중에 완도에서 어렵게 구해온 자생 동백나무는 올봄에도 홑겹의 빠알간 꽃송이를 피워서 행복하게 해주었다. 그 윤기 반질반질하던 도톰한 잎새가 어느새 떠나온 고향 언덕의 해풍이 그리운지 초췌해진 모습으로 조락을 준비하고 있다. 뜰에 가지가 휘도록 주렁주렁 열린 대추나무도 붉게 익어가면서 메말라간다. 꽃과 열매로 생명의 열정을 다 토해낸 후 미련 없이 회귀를 준비하고 있는 나무들의 윤회.

나는 인생의 이 시점에 이르기까지 어떤 생명으로 살아온 것일까. 아이를 잉태해보지 않았으니 내 가지에는 하나의 열매도 매달려있지 않으리라, 그렇다면 어떤 빛깔 어떤 향기로서 생명의 맥을 지속시키며 여기까지 온 것일까. 낙엽 지는 계절의 길목에 서 있으니 유한한 존재의 헐렁한 무게가 자꾸만 가슴을 시렵게 한다.

-종교

종교는 내게 있어 품성과 같은 것이었다.

수녀들이 선생님이었던 교실, 어디를 가나 걸려있는 나무 십자가. 학교에서 가장 좋은 위치에 자리 잡은 넓고 환한 도서관. 가난한 양로원 할머니들이 새벽마다 때 묻은 방석을 품에 끼고 기우뚱거리며 미사 참례하러 지나가던 기숙사 앞마당. 눈 감으면 잡힐 것만 같은 쌘뽈의 다정한 캠퍼스는 나의 영적세계와 종교심을 일깨워준 사유의 뜨락이었다.

아침저녁 따박따박 구두소리를 내며 사랑하는 노엘수녀님은 학교에서 수녀원으로 통하는 오솔길을 걸어가셨고 그렇게 수녀님이 땅만 내려다보고 지나간 뒤 기숙사 내 방 창문을 열면 마주 뵈는 정원의 성모동굴에선 언제나 키 작은 성모마리아상이 나를 쳐다보고 계셨다. 그 동굴에서 기다리고 계신 성모 어머님과 얼마나 많은 대화를 나눴던가. 그때부터 예수의 어머니 마리아는 나에게 모성의 상징이었고 여성으로서의 모델이었으며 신앙의 지표가 되어주었다.

도서관 앞 몸집이 큰 느티나무 또한 묵상의 쉼터를 마련해 주었다. 품이 넓은 무성한 둥지 아래 벤치에 앉아서 기적소리를 내며 서울로 달려가는 기차를 쳐다볼 때마다 내 가슴은 미지의 세계에 대한 무한한 동경과 그리움으로 두근거리곤 했다. 수녀선생님들처럼 나 또한 수도자가 되고 싶었다.

이렇게 어려서부터 몸에 배어든 혼자서 생각하는 습성과 가톨릭의 장엄한 전례는 내 영혼을 숭고함으로 드높여 주었다. 열다섯 살 어린 나이로 봉쇄수도원인 갈멜수녀원에 들어가 스물넷에 세상을 떠난 리지 외의 소화데레사 성녀를 나는 사모했다. 그녀처럼 완덕의 작은 길에 이르는 수도자가 되겠다는 열망을 품고 무수한 극기와 희생과 기도의 꽃송이를 바치곤 했다. 생각하면 '존재 자체가 기도'일 수 있었던 생애 최선의 시간이 아니었나 싶다.

종교는 대화이며 인식이다. 사실 신이 인간에게 가르쳐준 것은 그리 많지 않다. 인간은 신으로부터 받은 얼마 안 되는 계시를 통해 자신 안에 내재하는 신성神性과의 끊임없는 교류를 나누면서 신의 모습을 모방해 간다. '바라봄!', 이 영적인 직관으로 인식의 포구에 닿게 되는 것이다.

종교는 이론이 아니다. 직관이다. 이론을 경유하지 않고 직관에 도달한 바라봄, 거기서 얻어지는 상지上智가 신을 이해하는데 언제나 도움을 주었다. 지구상엔 많은 종교가 난립하고 있다. 하급종교일수록 자기 존재의 당위를 인정받기 위해 불필요한 이론과 우월성을 주장하며 여타 종교를 비하하는 것을 보았다. 참된 종교인은 남의 종교를 비하할 필요를 느끼지 않는다. 종교적 인식은 잘 짜여진 정교한 이론보다도 깊은 침묵과 묵상가운데 감지되어지는 미풍처럼 고요한 깨달음인 것이다.

종교에 대한 선택은 매우 신중하게 이루어져야 한다. 어떤 종교를 신봉하느냐에 따라 그 사람의 컬러와 인생관이 달라질 수 있기 때문이다. 어떤 인간으로 살아가게 되느냐, 하는 것은 어떤 종교를 믿느냐와 무관치 않다. 궁극적으로 인간의 품성을 드높여 주는 것은 종교적 상품성이 아니라 삶 속에서 얼마나 진실하게 종교적 심성을 구현하며 살아가는가 하는 데 있다.

내가 인식하는 신은 자연 속에 깃든 거대한 에너지. 우주를 떠다니는 지극히 선하고 아름다운 어떤 완전한 에너지를 뜻한다. 종교를 이룬 대성인들도 이 에너지로부터 받은 빛과 영감을 통해서 완성에 이른 영혼들이었다. 그럼에도 나는 가톨릭 신자가 된 것을 행운으로 여기고 감사한다. 가톨릭의 도그마는 내 영혼에게 숭고함과 고요의 의미를, 묵상과 직관을 통과해 내적평온에 이르는 오솔길을 가르쳐주었기 때문이다. 그러나 종교로부터의 자유를 추구하는 지금은 객관적 입장에서 가톨릭의 아름다움과 인위성을 바라본다. 모든 종교적 이념과 구속으로부터 벗어나는 것, 거기서 얻어질 순수한 영적 자유를 나는 갈망하는 것이다.

안윤자

『월간문학』 수필 등단 (1991년), 충남공주 출생
경원대학교 대학원 국문학과 졸업, 현대문학 전공, 한국문인협회, 펜클럽 회원, 대표에세이문학회 회장, 한의도협이사, 편집위원장, 서울의료원 사보편집장 역임, 전 서울의료원 의학도서실장
저서 : 수필집『벨라뎃다의 노래』, 『연인4중주』외 공저 다수, 논문『윤동주 시 연구』, E-mail : nagune5@hanmail.net

김사연

16
총을 쏴야만 전쟁이 아니다

지난달 21일, 민주평통 남동구협의회는 지역주민 등 40명과 함께 철원에 위치한 백마고지와 노동당사 유적지를 견학했다. 지난 해 천안함 견학 이후 유적지 참관 행사에 참석하는 주민들의 표정은 전과 달리 남북 간 화해와 소통, 그리고 협력을 염원하는 분위기가 역력했다. 근래에 북한이 핵실험을 자행하고 미사일을 발사해 전 세계에 불안감을 조성하고 기업인들이 개성공단에서 철수하는 사태까지 시국을 악화시켰기 때문이다.

전쟁 유적지인 백마고지를 향해 달리는 버스의 차창 밖에는 방금 모를 낸 넓은 철원 평야가 펼쳐져 있다. 만에 하나 60년 전 백마고지 전투에서 아군이 승리하지 못했다면 이곳은 북한의 영토가 되어 언감생심 버스를 타고 달린다는 것은 상상조차 하지 못했을 것이다.

기념관에 도착해 안내를 맡은 병사의 친절한 설명에 귀를 기울인다.

1952년 10월 6일, 중공군 대장 장융후이는 4만 4천여 명의 병력과 55문의 포 지원을 받으며 백마고지를 기습 공격했다. 당시 보병 9사단 김종

호 사단장은 미 공군의 주간 669회, 야간 76회의 출격 지원을 받으며 필사적으로 고지를 사수했으며, 이 전투를 통해 중공군은 1만 4천 4백 여 명이 전사하고, 국군은 2천 4백 여 명의 사상자가 발생했다. 10일 동안 24번이나 주인이 바뀌는 전투 결과 27만 5천여 발의 포탄을 맞은 고지는 높이가 1미터나 낮아지고 하늘에서 바라본 모습이 마치 하얀 말이 누워 있는 형상으로 초토화 되어 백마고지라고 이름 지었단다.

백마고지 전적지는 백마고지를 사수하다가 산화한 국군 장병의 넋을 추모하기 위해 1990년 5월에 건립되었다. 일행은 504명의 순국 장병 명단이 새겨진 위령비 앞에 고개를 숙이고 묵념을 올리며 조국의 평화를 위해 청춘을 바친 영령들이 구천을 헤매지 않고 저승에서 평온을 누리기를 기원해 본다.

위령비를 지나 기념관에 들어서니 전투 당시 부산물인 탄피를 녹여 만들어 벽에 건 부형물이 일행을 맞는다. 사방에서 날아오는 포탄을 아랑곳하지 않고 소총을 들고 진격을 외치는 장병이 화약 내음과 흙먼지를 날리며 금방이라도 뛰쳐나올 듯하다.

이 전투를 기념하기 위해 해마다 10월 16일을 전승戰勝 기념일로 제정해 민 · 관 · 군 합동 위령제를 거행하고 있지만 그들이 치른 희생과 전과에 비해 기념관은 너무 초라한 모습이다. 현재 DMZ 내 통제구역으로 출입이 금지된 채 멀리서 우리 일행을 지켜보고 있는 백마고지는 전투에서 패한 김일성이 3일간이나 식음을 전폐하며 울었다고 해 북한에서는 김일성 고지라고 부른단다.

이토록 백마고지 사수에 남한과 북한이 총력을 기울인 까닭은 식량을 자급자족할 수 있는 광활한 철원평야가 펼쳐져 있고 서울로 통하는 국군의 주요 보급로를 장악할 수 있는 군사 지정학상의 요지이기 때문이다.

낙동강 전투나 형산강 전투가 적의 남하를 막기 위한 것이었다면 백마고지 전투는 휴전을 앞두고 서로 군사적 요지를 점령하기 위한 마지막 기회였다. 이 땅을 뺏기면 두 번 다시 찾을 길이 없는 상황이기에 백마고지 전투는 한국전쟁 중에서도 가장 치열했던 전투 중의 하나가 되었다. 이 전과는 예측대로 훗날 휴전 정상 회담에서 유엔군이 유리한 거점을 확보하는데 결정적 영향을 미쳤다.

지금 우리 일행이 서 있는 청록이 우거진 숲 아래에 백마고지를 사수하기 위해 흘린 국군 장병들의 피와 땀과 눈물이 고여 있다는 생각을 하니 절로 가슴이 숙연해진다.

최근 북한의 핵실험과 미사일 발사 실험을 두고 일부 국민들은 북한이 절대로 전쟁을 도발할 수 없는데 우리가 너무 과민 반응을 하고 있다며 강 건너 불 보듯 하는 분들도 있다.

하지만 총을 쏘고 살상을 하는 것만이 전쟁은 아니다. 적의 전파 방해로 은행 업무가 마비되면 국민 경제는 도탄에 빠지고 교통신호망이 마비되면 도심은 혼란에 빠진다.

막대한 자금을 투자한 금강산 관광과 개성공단에서 철수한 기업인들은 엄청난 손해를 감수해야 함은 물론 수출 일정을 맞추지 못해 회사가 부도위기에 처할 수도 있다. 설상가상으로 정국의 불안을 느낀 해외 투자가와 관광객들이 대한민국 입국을 꺼려 개인과 국가가 경제적 타격을 입는다면 그것이 바로 전쟁이라는 사실을 잊지 말아야 한다.

제58회 현충일을 맞아, 백마고지 전투에서 숨진 장병들의 넋을 기리며 이들의 희생이 절대로 헛되지 않도록 조국의 평화를 기원해 본다.

* 현충일의 유래는 1707년, 숙종 33년에 이순신 장군의 충혼을 기리기 위해 건립한 사당인 '현충사'에서 인용했고, 6월 6일은 곡식의 씨앗을 뿌리기 좋은 절기인 망종(芒種)에 전사한 군인들을 위해 제사를 지내는 풍습이 고려 현종 때부터 있었다는 기록을 근거로 정했다.

김사연

『월간문학』 신인상 (1991년)
한국문인협회, 대표에세이문학회 회원, 전 11대, 12대 인천시약사회장
수상 : 한국수필문학상, 한국문협작가상
저서 : 수필집 『그거 주세요』, 칼럼집 『김약사의 세상 칼럼』 등 3권
E-mail : sayoun50@hanmail.net

정인자

17
바다, 뒤늦게 철든 까닭은

내 고향은 남해안의 항구도시 여수麗水다. 고향하면 맨 먼저 떠오르는 게 넘실거리는 푸른 바다요, 바다를 보면 또 정답게 다가서는 게 고향이다. 태어나서 20여 년을 그 곳에서 살았으니 바다라는 두 글자엔 고향의 모든 것이 함축되어 있는지도 모른다. 그래서 내 졸저 "해 돋는 아침이 좋다"란 수필집에서 이런 이야기를 했었다. 바다가 나를 키운 8할이라고. 그런데 오늘은 그 반대인 역설적인 이야기를 하고 싶다.

어머니는 옛 사람치곤 여자로서 큰 키였고 아버지는 작은 편이었다. 6남매 중 둘째인 내가 하필이면 아버지의 그 유전자 영향을 많이 받았다고나 할까. 그렇더라도 아무거나 잘 먹고 건강관리를 잘했더라면 적어도 1미터 60센티쯤의 키는 되지 않았을까. 요즘은 영양상태가 좋아 엄마 아빠보다 훌쩍 큰 자식들이 좀 많던가. 그 원망을 바다 탓으로 종종 돌리는 데는 그만한 이유가 있다.

어린 시절 콩알만 한 내 심장을 놀라게 한 사건들은 대부분 바다에 관련된 것들이었다. 단짝친구 문숙이의 하나뿐인 남동생은 잠자리를 잡으려다 발을 헛디뎌 바다에 익사했다. 한 마을에 사는 영수도 부모 몰래 친구들과 어울려 해수욕장엘 갔다가 싸늘한 시신으로 돌아왔다. 흰 바지에 푸른 티셔츠를 입고 배위에 두 손을 얌전히 모아 쥔 채 누워 있는 영수는 제 엄마의 통곡소리도 아랑곳없이 깊은 잠을 자고 있는 듯 했다. 고깃배를 탔던 민자 아버진 풍랑을 만나 삼일을 망망대해에서 사투를 벌이다 구사일생으로 살아났다. 아버지가 대처승이었던 옥이의 언니도 양가 부모님들의 결혼 반대에 부딪혀 스물한 살의 꽃다운 청춘을 바다에 던졌다. 죽음을 택한 곳이 진달래가 흐드러지던 그 수려한 산속이 아니라 바다였다는 게 또 의아했다. 이런저런 바다에 얽힌 숱한 일들을 눈으로 보고 귀동냥하면서 바다는 어부들이 고기를 잡는 곳, 에메랄드빛이 눈 시리도록 아름다운 곳, 멀리 수평선 넘어 꿈이 깃드는 곳, 작열하는 태양아래 맘껏 물놀이를 하며 즐길 수 있는 곳만이 아니라는 사실을 일찍이 깨닫게 되었다. 바다는 늘 대하는 하늘처럼 친근하면서도 그 넓고 깊은 속을 알 수 없는 경외의 대상이 되었다.

그러던 어느 날, 초등학교 4학년 봄이었던가. '오동도'란 섬 앞에 사는 친구 집에 놀러갔다가 바다에서 막 건져 올린 예기치 못한 주검을 보게 되었다. 많은 사람들이 웅성거리고 있었는데 죽은 그 남자는 작년 겨울 다리를 건너다 파도에 휩쓸렸다고 했다. 그동안 가족들이 시신을 찾으려고 백방으로 애를 썼는데 이제야 바다 속 바위 틈에서 발견되었다고 했다. 장정들이 덕석에 둘둘 말린 시신을 잔디밭에 풀어놓는데 하마터면 나는 외마디 비명을 지를 뻔했다. 자연교과서에서 본 흉측한 해골 그 자체였기 때문이다. 가슴께만 불어터진 희멀건 살이 조금 붙어 있을 뿐인데, 손톱, 발톱은 죽은 뒤에도 자라는지 영락없는 귀신의 형상이었다. 지독한 악취 때문에 구경꾼들 모두 코를 움켜쥐고 있었다. 더욱 섬뜩한 건 소복을 한 중년 여인이 숨이 넘어갈 듯 꺼이꺼이 울면서 마치 산사람 다루듯 그 시신에 흰옷을 입히고 있다는 사실이었다. 충격이었다. 그 광경을 본 후 며칠을 밤마다 가위 눌린 꿈에 시달렸다. 식은 땀을 흘리며 악몽에서 깨어나면 고사리 같은 동생들의 손을 어둠 속에서 더듬더듬 찾아 어루만지곤 했다. 아버지 어머니 얼굴을 대할 때도 형언할 길 없는 슬픔이 북받쳐 오르곤 했다. 죽음이란 종착역의 끔찍한 실체를 여과 없이 작은 가슴으로 감당하기엔 너무 힘들었던 것일까.

그날 이후 생선을 일절 입에 대지 않기로 작심했다. 그 시신에 갈치 떼와 해삼이 다닥다닥 붙어 있었다는 사람들의 수군거림이 뇌리에서 떠나질 않았다. 생선을 먹는다는 것은 곧 인육을 먹는 것과 다름없다는 해괴한 공식을 세운 것이다. 생선고장에서 그 훌륭한 영양의 보고를 거부했으니 가장 중요한 성장기의 부실함은 자명한 일 아니겠는가. 꼬막은 눈알 같아서 싫고, 해삼은 송충이 같아 싫고, 닭고기는 병아리 생각이 나서 싫고, 그 편식은 갈수록 도를 넘어 결벽증으로까지 이어졌다. 십년 넘게 지속된 그 못된 버릇을 고친 건 결혼하고 밥상을 책임져야 하는 주부가 되면서였다. 친정어머니에게 씻을 수 없는 불효를 했다고 가슴을 친 것은 훨씬 후인 자식을 낳고 기르면서였다. 넉넉지 않은 살림에 여덟 식구의 건강을 책임져야 하는 어머니의 육체적 심적 고충은 오죽했을까. 그 불효, 내 키가 콩나물 자라듯 쑥쑥 크지 못한 모든 원인이 바다 때문이었노라고 탓한다면 지나친 억지일까.

지문이 닳을 정도로 부지런하셨던 친정어머닌 79세를 일기로 세상을 뜨셨다. 그 삼년 후엔 30여 년을 함께 동고동락했던 시어머님마저 우리 곁을 뜨셨고, 작년 여름엔 아버지가 눈을 감으셨다. 외기러기로 10년을 외롭게 사셨는데도 아버진 늘 소소한 일에도 감사하는 인생예찬론자였다.

지금 내 책꽂이엔 생전에 아버지가 자식들에게 선물하신 '범부의 일대기'란 자서전이 꽂혀 있다. 분수를 알고 정직하게 살라는 묵언의 교훈이 전해져 온다. 나도 자식들에게 어설프나마 명색 수필집 한권은 건네주었으니 그 점 또한 감히 아버지를 닮았다고 해야 할까. 그런데 참으로 이상한 건 흘러가는 일상 속에서 그분들이 부활을 거듭하고 있다는 점이다. 어떨 땐 단죄하듯 해 깊은 참회에 들게 하고, 어떨 땐 기약 없는 그리움으로 목울대를 뜨겁게 한다. 바다가 내 마음의 키를 키운 8할이었다고 한다면, 그분들은 뒤늦게야 나를 조금씩 철들게 하고 있다고나 할까. 세상사 한치 앞을 알 수 없는 것, 겸허하게 살아야 한다. 몸이 쇠하고 나이가 들어도 정신력은 몇 배 굳건해져야 한다. 그분들이 넌지시 깨우쳐주고 있는 가르침이다. 생의 끈을 쉬이 놓지 못하시던 마지막 애틋했던 그 눈길은 오늘 이 하루의 무게가 어떤 것인지도…….

정인자

『월간문학』 등단 (1991년), 전남여수 출생
한국문인협회 회원, 대표에세이 회원, 남도수필회원
수상 : 대한문학상
저서 : 수필집 『해 돋는 아침이 좋다』
E-mail : jjiydh@hanmail.net

박영덕

18
댓바람 소리

여러 날째 마른 바람이 불었다. 그 놈의 바람은 밤이 되면 더욱 기승을 부리며 들녘을 누비고 다니더니 간밤엔 뒤란 대숲을 헤집으며 앓는 소리를 냈다. 혼자 있을 때는 오히려 무심히 스쳐버렸던 그 댓바람 소리가 아들내외까지 내려와 있는 지난밤에는 왜 자꾸만, 눌러도 눌러도 새어 나오는 한숨소리 같이 들렸는지 모를 일이었다.

새벽이슬을 털고 아내의 묘를 다녀오니 아들 내외는 아직도 흥건한 잠에 빠져 있었다. 자정 무렵에야 도착한 그들이니 피곤함을 이기지 못한 탓이리라 작량은 하면서도 야속한 마음이 앞섰다.

"그놈의 회사에선 지에미 제삿날에도 근무를 시키남! 월급도 쥐꼬리만큼 주는 주제에."

마루 끝에 걸터앉아 궐련 한 개비를 뽑아 드니 새삼 아내가 생각났다. 식전에 담배를 피우면 해롭다고 말리는 아내 때문에 새벽이면 하릴없이 텃밭을 어슬렁거리며 눈속임을 했지만 이제는 그 잔소리마저 가슴 저리도록 그리웁다.

한 뼘이나 솟아오른 해가 마루 위를 거침없이 올라선다. 손수 씻어 마루 한켠에 놓아두었던 떡쌀을 내어다가 화덕 위 시루에 앉히고 장작을 지폈다. 지난 해, 아내의 묘자리를 쓰느라 벌목해 놓은 솔이 어느새 바싹 마른 장작이 되어 있다.

"바보 같은 할망구. 벌써 흙이 되고 말았는가."

탁탁, 타오르는 불꽃 사이로 아내의 얼굴이 너울거린다. 그날이 언제였던가. 아내의 옷고름을 처음 풀던 날이. 이슥토록 북적이던 초례청이 잠잠해질 무렵에야 쑥스럽게 잡아보았던 신부의 여린 손목. 사촌 누이가 들여놓아 준 황국은 밤새 잠도 없이 향을 익히더니 새벽녘 들창을 새어 나가 앞 모실 논둑 위에 무서리로 내려앉았지. 불쑥 슬픔인지 분노인지 모를 눈물이 치솟았다.

"몹쓸 사람! 무에 그리 바빠서 혼자 가!"

뒷산 따비밭에 오르면 어둠이 이물려서 돌아오는 그녀에게 두더지처럼 땅만 파고 살 거냐고 투정을 하면 배시시 붉어진 볼을 감추던 새색시 적 아내. 마흔을 조금 넘어서였던가. 읍내 쌍과부집 작은 과부와 꽃바람을 일으켰던 시절, 잔뜩 뾰루터서 자기도 주막을 차리겠노라 앙탈하던 아내의 앵도라진 목소리가 다시금 싸한 그리움으로 번져온다.

"못난 놈."

마구리 없는 한숨 속에 아들을 원망해 보지만 기실 서울살이를 조른 것은 아내였다. 하나 밖에 없는 아들내외가 아파트를 사는데 기왕 장만하는 김에 평수를 늘여 가고 싶다는 며느리의 하소연을 그냥 들어 넘기지 못한 때문이었다. 아들 하나 서울로 유학을 시키느라 젊은 시절 피땀으로 일군 전답을 하나 둘, 처분해 오질 않았던가. 한사코 반대했지만 마지막 남은 문전옥답을 팔아서 아들네 아파트 평수 몇 평 늘여 주고 시작한 서울살이를 아내는 무척이나 버거워하며 적응해 내질 못했다.

그 서울살이 일 년여 만에 깊은 잠을 못 이루고 날숨을 쏟더니만 이번엔 고향행을 조르기 시작했다. 그때 이미 아내는 자신의 몸 속에서 서걱거리는 가랑잎 소리를 들은 것이었을까.

'쿵, 쿵'

김 오른 떡살을 절구에 붓고 메를 치다 보니 살아생전엔 농담 같던 아내의 말이 생각 키운다.

"나 죽으면 젯상에 떡일랑 당신 손수 만들어 올려 주우."

방앗소리에 놀란 며느리가 늦잠이 면구스러웠던지 어설픈 웃음을 띠고 나오며

"읍네 방앗간에 맡기면 금방 해 올 텐데 힘드시게 방아질을 다……."

혼잣말처럼 중얼거린다.

"너희 어머닌 생전에도 방앗간 떡은 안 먹었다."

퉁명스레 내뱉는 말에 며느린 애꿎은 바가지만 들고 단작대고, 그제서야 허리춤을 추스르며 나오던 아들이 메를 당겨 들었다. 하지만 고작 두어 번 내려치더니 계면쩍게 웃으며 허리를 펴고 만다.

"오달진 데라고는 감자 한 톨만큼도 없는 놈."

아들은 이번에도 어김없이 서울행을 들고 나올 것이다. 하지만 어림없는 일. 마당에 잡초가 우거질지언정 선영 발치에서 아내의 넋건이라도 하면서 살아야지. 아들 손의 메를 투정하듯 나꾸었다.

'쿵, 쿵.'

대숲에 숨어있던 바람 한 줄기가 화들짝 놀라 들판을 가로질러 달려갔다.

박영덕

『월간문학』 등단 (1992년), 한국문인협회, 국제펜클럽, 수필문우회 회원, 광주문인협회 부회장, 용아박용철문학회 부회장, 남도수필문학회 회장, 대표에세이 회장역임, 대한문학 편집국장, 예술광주 편집위원, 어등골문화 편집위원, 금요에세이 지도강사, 무진주수필문학회 지도강사, 수상 : 광주예총문화예술대상, 현대그룹문학상, 광주문학상, 대한문학상

저서 : 수필집 『달개비꽃에는 상아가 있다』, 공저 『우리들의 사랑법』 등

E-mail : pyd9602@hanmail.net

윤영남

19

놋주전자

어릴 적, 아주 친했던 친구가 찾아왔다. 한 동네에서 자랐고 그림자처럼 같이 놀던 친구였다. 동구 밖에 느티나무 둘레를 함께 돌며 손뼉 칠 때의 기억이 아직도 선명한데 우린 중년의 모습으로 만났다.

"여전하구먼!"

하면서 포장한 선물을 내게 안겨 주었다. 남자처럼 호탕하게 웃던 그녀가 나의 손을 잡아끌었다. 의아했다. 오랜만에 찾아 온 친구만으로도 충분한 기쁨인데 선물까지 받다니. 난 어떤 표정을 지으면 좋을지.

친구의 재촉을 받고서야 선물을 풀기 시작했다. 포장지를 뜯었더니 고운 색동끈으로 묶인 나무곽이 또 속으로도 묶여 있었다. 포장 상태가 예사롭지 않았다. 조심스러웠다. 정성스럽게 싸인 포장을 풀면서 세월 속에 묻어 두었던 겹겹의 우정이 사뭇 소중하게만 생각되었기에 망설이지 않을 수 없었다.

끈을 빨리 풀라는 친구의 두 번째 독촉을 받고서야 뚜껑을 열었더니 반짝이는 놋주전자 한 쌍이 모습을 드러냈다. 약간 큰 주먹만한데 현란

한 빛깔, 고전적이면서도 신비로운 서기瑞氣는 나를 황홀하게 했고, 금방 현혹시켰다. 앙증스런 조형과 함께 유연한 선線의 조화가 범상치 않았다.

부부용인데 꼭지 달린 감 모양의 뚜껑이 있는 쪽은 여성용이고, 사과 모양으로 주둥이에 자동 덮개가 달린, 조금은 투박한 형태를 가진 것이 남성용이라 했다.

놋그릇에 대하여 아는 것도 별로 없는 나에 비해, 친구는 상당한 수준의 놋그릇 애호가로 내게 여러가지를 알려 주었다. 놋그릇이 주는 색의 중후함, 높은 보온성, 그리고 놋쇠의 해독 작용 때문에 친구는 요즘 다시 놋그릇을 애용하고 있단다.

내가 어렸을 때도 놋그릇은 사용됐는데, 까마득히 잊었을 뿐이다. 종가였던 우리 집엔 유독 놋기가 많았다. 평소 놋그릇으로 식기를 사용했던 터라 밥그릇도 숟가락도 놋쇠였다. 불과 이삼십 년 전인데 이렇게 망각의 끈을 가물가물 늘이며 살았나보다.

명절 때나 제사 때가 다가오면 어머니는 놋그릇부터 닦았다. 벌써 놋기만 꺼내 놓고 닦으면, 우리 집에 큰일은 다가온다고 믿어도 틀리지 않을 만큼 정확했다. 부엌 문턱 앞에 짚단을 갖다 놓고, 아궁이에서 고운 재를 한 사발 퍼다 놓으면 그릇 닦기가 시작됐다. 뒤이어 짚수세미가 만들어지고, 어른들은 물과 재를 적당히 섞어가며 놋그릇을 닦는 것이다.

때론 잿물이 앞치마를 적시거나 얼굴까지 거뭇거뭇하게 튀어 올라도 아낙네들은 아랑곳하지 않고 땀을 흘리며 열심히 닦았다. 잿빛 속에서 닦을수록 하얀 치아처럼 놋그릇에 윤기가 날 때였다.

“여자는 그릇을 잘 간수해야 하는 거여.”

말씀하시던 어머니의 얼굴에 웃음이 가득, 퍽이나 만족해 하셨다. 나는 검은 색으로 때 묻은 그릇과 윤기가 나서 반들거리도록 닦아놓은 그릇을 번갈아 가면서 둘러보았다. 신기한 모습으로 가까이 가서 보고, 만져도 보았다. 그 때는 땀을 흘리면서도 어머니의 환한 웃음 앞에서 시간 가는 줄 몰랐다. 더러운 잿물이 튈까봐 몸을 도사리곤 했지만…….

얼마 전 텔레비전에서 '한국의 미美'라는 프로를 봤다. 사라져 가는 놋그릇의 향수를 새삼스럽게 느꼈다. 손으로 만든 방짜유기는 놋쇠를 두들겨서 만드는 것이다. 놋그릇은 방짜유기와 주물유기의 두 종류가 있단다. 지금 친구가 갖고 온 놋주전자는 방짜유기로 만든 것임을 알 수 있다.

방짜기법으로는 우리나라에서만 현재 남아서 만들어진다고 한다. 방짜유기를 만드는 과정을 화면에서 보았을 때 참으로 신기한 점을 발견했다. 놋쇠물로 대강 크기와 형태를 만든 후 두들겨서 만들었다. 이 때, 유기장鍮器匠들이 둘러서서 매질을 하는데, 무려 일천 번 이상을 때리고 다듬어야 한다고 했다. 정말 장인匠人정신의 극치를 보여주던 장면이었다. 그 수많은 손길 만큼 만들어지는 형태의 예술이 아닌가.

친구의 말에 의하면, 이 놋주전자가 주는 선線 중에서 곡선이 주는 특별한 미美는 감, 사과, 새의 부리에서 따온 조형이란다. 주전자의 주둥이를 만져보면서 그 말을 들으니, 정말 주둥이는 영락없는 새의 부리였고, 꼭지는 감꼭지 같았다. 더구나 방짜기법으로 만들어진 것이라고 생각하니 그 선과 빛의 조화는 더욱 찬란했다.

우린 그만 놋주전자에 정신을 빼앗겼다. 얼마나 지났을까. 늦었다며 벌떡 일어서는 친구를 보고서야 정신을 차렸으니까. 바람처럼 왔다가 떠난 친구가 남긴 놋주전자로 다시 눈길이 갔다. 다소곳한 새색시처럼 다가앉아 본다. 별로 말이 없던 친구는 이 놋주전자를 통하여 무슨 말을 남기려고 했을까. 아니면 가벼운 선물로 그냥 주고 간 것일까. 요모조모를 생각해도, 어쨌거나 볼수록 신기하다. 선물의 의미는 되새길수록 새롭게 느껴졌다.

마치 새의 부리를 닮은 주전자의 주둥이는 천진난만했던 유년시절의 재잘거림을 금방이라도 녹음기처럼 되돌려 줄 것만 같았다. 번쩍이며 간혹 발하는 섬광閃光은 감꽃을 주워 먹다가 마주치던 친구의 눈빛 같기도 했고, 여자의 가는 길을 몸소 갈고 닦으며 온 몸으로 가르쳤던 어머니의 모습 같기도 했다. 여자는 그릇을 잘 간수해야 한다는 것, 그릇 닦기를 통해 품행까지 말씀하신 어머니의 교훈을 뒤늦게나마 깨닫는다.

그만 실타래처럼 풀어지던 나의 상상력을 어쩌랴. 멈출 수 없었다. 회오리바람이 되어 놋주전자를 돌고 또 돌 수밖에 없었다. 굽이 돌아가는 인생길에서 중년을 넘긴 채 내 딸이 벌써 어머니가 된 지금이 아닌가. 일천 회 이상 매질을 해서야 완성되는 방짜기법으로 만들어진 이 놋주전자 앞에서 새삼 부끄러워지는 나를 자세히 쳐다본다. 스스로 할 말조차 찾지 못했다. 유기장의 매질처럼, 그 매질로 인하여 단련되어야 했던 내 삶은 얼마나 단련되었는가. 아니 얼마나 고운 빛을 발하고 있는지 자문해 봤다. 혹시 형태만 대충 갖춘 듯하고, 매질이 부족하여 미완성으로 머물고 있는 것이 아닌지.

어려운 시대 상황에서 고된 시집살이를 살면서도 놋그릇을 닦으며 인고의 삶을 거뜬하게 땀과 웃음으로 감당해 오셨던 어머니의 생애를 되짚어 본다. 그 당시 종가宗家의 살림을 살면서도 닦은 그릇을 곱게 쓰고 잘 간수하는 일, 윤기를 내는 일 또한 쉽지 않았을 것이다. 대가족을 돌보면서 자신을 닦고 간수하는 일이 어찌 그릇에 비유할 수만 있으랴.

다시 주전자의 표면 위에 한평생 고난과 가난을 이겨내셨던 어머니의 모습이 어른거린다. 절실하고 처절했던 그 시절, 그 얼굴이 비춰진다. 그 옆으로 윤택한 내 모습도 겹쳤다. 부끄러웠다. 순간적으로 감사의 눈물이 글썽했다. 설령 조금은 나약한 자화상이라도 좋다. 내가 지금도 웃음을 먼저 싣고 거울을 보듯 더욱 감사하리라.

친구가 나를 찾는 길과 자성自省의 시간까지 선물했기에 귀한 놋주전자를 통해 어머니의 숨결을 느끼며, 다시 옛 선조들의 삶을 되새김질해 본다. 나에겐 그 어떤 역할보다도 힘들었던 어머니의 역할이 아니었던가. 이제는 나의 여생餘生을 통해서도 닦을수록 빛을 내는 놋그릇처럼 윤기를 더해 보리라. 그 옛날 어머니의 어머니로부터 전해졌던 옛 여인들의 숨결을 더듬어 보면서.

윤영남

『월간문학』 수필 등단 (1992년), 『좋은문학』 시 당선 (2003년)
숭실대 연구교수, KICS 평생교육원장, 국방대학원 외래교수, 한국평생교육HRD연구소 선임연구원, 국제펜클럽 한국본부 여성작가위원, 한국문인협회 발전기획위원, 한국수필가협회 운영이사, 한국기독교문협 이사
수상 : 선사문학상, 저서 : 수필집 『또 하나의 시작을 위하여』외 공저 다수와 논문집, E-mail : 2000yny@hanmail.net

박미경

20
사랑받지 않기 위해

얼마 전 송년 모임에 유명한 탤런트가 왔다. 문학모임이었기에 그녀의 참석이 다소 의아했지만 시 낭송 초대 손님이어서 시선을 한 몸에 받고 있었다. 그녀 역시 좌중의 시선이 싫지 않은 듯, 우아한 미소와 부드러운 표정으로 그 시선들에 답하고 있었다. 남성 문인들은 어떻게 그녀와 악수라도 한 번 해볼까 싶어 주변을 맴돌았고, 여류들도 안 보는 척 하면서 한 번씩은 돌아다보았다. 나도 흘낏 그녀를 훔쳐보았다. 나이보다 훨씬 젊어 보이는 피부, 비결이 뭘까. 저 환상적인 아이섀도우는 어디 제품일까. 저 의상은? 핸드백은? 잔뜩 속물적인 호기심과 부러움으로 그녀를 훔쳐보기에 여념이 없었다.

그 순간 옆에서 소곤거리는 소리가 들려왔다.

"저 탤런트는 참 안됐다. 사람들에게 항상 웃어야 되고, 예쁘게만 보여야 되고, 밥 먹을 때도 조금씩 먹어야 되고……. 우리는 얼마나 좋으냐, 우리 하고 싶은 대로 하고 살잖아."

이 통쾌한 고정관념의 깨짐이라니……. 나는 하마터면 소리 내어 웃을

뺀했다. 대중의 사랑과 인기에 연연할 수밖에 없는 그녀의 고단한 미소가 문득 안쓰럽게 보였다. 언젠가 희미해질 향기, 시들어버릴 장미의 비애가 그녀의 미소에서 오버랩 되었다.

그러나 거기 또 한 사람의 내가 있다. 아니 모든 여자의 모습이 있다. 나, 혹은 그녀들은 모든 시선을 즐기고 있었을지도 모른다. 그녀는 대중의 인기로 명멸하는 프로다운 자세이지만 고작해야 친구들과 이웃, 몇몇의 모임들 속에 살아가는 나 역시 그들에게 돋보이기 위해 노력하며 살지 않았는가. 좋은 옷과 장신구를 탐하고 책을 읽거나 영화를 봐도 아는 척하기를 즐기며 "잘 해", "멋져", "예뻐" 그 한마디의 칭찬을 듣기 위해 나서거나, 남의 시선에서 나의 가능성을 점치곤 했다.

소외되지 않기 위해 여러 모임에 참석하고, 웃고 떠들며 그 안에서 인기를 누리려 애썼고 '나는 아직 건재해', '나는 이렇게 잘 나가'를 보여주기 위해 전전긍긍 했다.

내 자식만 남보다 앞서기를 바라고, 내 자식만 명문대에 들어가 준다면 남들에게 떳떳할 것 같았다. 왜 나는 그토록 타인의 시선과 평판을 의식하며 살았을까. 왜 사람들 속에서만 이루어지는 세상과의 소통에 매달렸던 것일까. 왜 자기 자신이 되지 않는 시간들에게서 달콤함을 찾았던 것일까.

캐나다의 천재 피아니스트 글렌 굴드는 대중의 사랑으로부터 도망치기 위해 끊임없이 노력한 기이한 사람이었다. 그가 예술가의 자아를 지키기 위해 선택한 방식은 사회로부터 자신을 단절시키는 것이다. 그의 연주에 열광하는 청중들을 뒤로하고 한창 전성기를 구가하던 32세에 모든 콘서트를 중단하고 스튜디오에 박혀 오직 녹음으로만 완전한 음악을 추구했다. 대화나 인터뷰조차 전화로만 응했던 그는 음악외의 모든 불필요한 장식을 걷어내며 고독에의 의무에 충실했다. 청중으로부터 퇴각해 얻은 자발적인 고립과 소외를 통해서 가장 단단한 존재감으로 확인되는 글렌 굴드는 '사랑받기 위한 삶'에 얽매어 있던 시간들을 부끄럽게 만든다.

학연, 지연 등 다양한 방법을 통해 어떤 식으로든지 우리는 다른 사람들과의 분리를 두려워하며 살고 있다. 그러나 누군가에게 인정받고 보여주는 것보다 정작 내면의 기쁨에 만족할 수 있다면 그것이야말로 진정 성공한 삶이 아닐까. 남의 이목과 평판에서 자유로운 대신 자신에게 더 많이 집중하고 정열을 쏟는 것이 한 번 뿐인, 후회 없는 삶의 길은 아닐까. 글렌 굴드같은 천재적인 예술가가 아니더라도 우리 모두 각자의 삶을 연주해야 할 예술가이기 때문이다.

사랑받지 않기 위해 눈물겹게 노력했던 글렌 굴드는 우리에게 더 많이 혼자 있는 시간이 필요함을 일깨운다.

박미경

『월간문학』 등단 (1993년)
한국문인협회, 한국수필가협회, 국제펜클럽 회원, 현 내일신문 리포터
수상 : 동포문학상, 동리문학상
저서 : 수필집 『내 마음에 라라가 있다』, 『박미경이 만난 우리시대 작가 17인』, 『50헌장』 등
E-mail : rose4555@hanmail.net

김정화

21

꽃고무신

어른이 되어서도 격에 맞지 않게 꾸는 꿈이 있다. 냇물에 신을 떠내려 보내고 안타까움으로 발을 동동 구르는 꿈이다. 그런 꿈을 꾸는 날엔 내 가까운 사람 누군가와 어김없이 작별을 고하게 된다. 어젯밤에도 또 꽃고무신을 잃은 꿈을 꾸었다. 어찌나 꿈속에서 안타깝던지 물속에 풍덩 주저앉았다. 그랬더니 나마저 고무신과 함께 둥둥 떠내려가는 것이 아닌가? 기겁을 해서 깨어났다.

오늘은 아들 녀석을 서울로 떠나보내는 날이다. 언제나 이별에는 당차지 못한 여린 가슴인지라 더구나 아이를 처음으로 떼어내는 아픔을 감당할 수 없을 것 같은 염려로 오래 전부터 고심했었다. 아들을 배웅하고 돌아오는 길에 버스를 타지 못하고 골목길로 사람을 피해 걸으면서 엊저녁 꿈을 생각했다.

그 놈의 고무신. 내 의식 저 밑바닥에 음울하게 웅크리고 앉았다가 발동만 하면 내 눈에서 눈물을 빼는 그 놈의 고무신. 아이 녀석이 떠난 것이 꿈속의 고무신 탓인 양 원망하다 혼자 씁쓰레하게 웃었다.

어린 시절 나는 기차역 뒷마을에서 살았다. 기차역과 마을 사이에는 대인천이 흐르고 있었다. 지금은 시커먼 구정물이 흐르는 지저분한 곳이지만 그때는 개울 밑바닥이 훤히 들여다 보이는 맑은 물이 흘렀다.

달이 뜨는 밤이면 어머니는 고무통 가득 빨랫감을 담아와 밤이 이슥하도록 빨래를 했다. 나는 물속에 비치는 달을 건지노라 밤이 깊은 줄도 몰랐었다. 송사리, 미꾸라지, 눈쟁이, 가재, 다슬기까지 살았던 그 곳은 우리들이 학교 갔다 오면 가방을 팽개치고 모이는 우리들의 낙원이었다.

비가 많이 내린 날이라든가 오래 장마가 계속되어 큰물이라도 나는 날엔 도로 가까이까지 찰랑거리며 흐르는 냇물엔 오만 잡동사니가 다 떠내려 왔다. 돼지, 닭, 고양이, 집오리, 개 등의 가축도 떠내려 오고, 바가지, 솥단지, 장롱, 초가지붕의 용머리까지도 떠내려 왔다. 어떤 때는 사람도 떠내려 와 다리 난간에 걸쳐 있다며 아이들은 정말 살판이라도 난 양 이리저리 뛰어다니며 소리를 질러댔다.

그 무서운 장마가 휩쓸고 지난 후 오래지 않아 냇물은 차츰 줄어들어 우리들을 유혹하기 시작했다. 큰물이 지고 난 후엔 상류에서 떠내려 온 큰 고기들이 많았고 가재, 다슬기도 훨씬 흔했기 때문이다.

그 날도 그랬다. 우리들은 학교 파하기가 무섭게 냇가로 달려가 고기 떼를 쫓고 돌멩이를 들어내 가재를 잡는다고 천방지축으로 뛰어 다녔다. 나는 엊그제 새로 산 꽃신 때문에 물에는 들어가지 못하고 물가에서 구경만 했다. 그러나 구경만 하기엔 너무 좀이 쑤셨다. 가만가만 한 발씩 물에 담그고 냇가에 있는 돌멩이를 뒤집었다. 그런데 그 곳에 가재 두 마리가 엎드려 있는 게 아닌가. 꽃신에 신경이 쓰이긴 했지만 가재를 잡는 재미는 나를 물속으로 자꾸만 유혹했다.

그렇게 한참을 휘젓고 다니다 돌멩이에 걸려 넘어지고 말았다. 그 통에 내 발에서 벗겨져 둥둥 떠내려가는 꽃고무신.

죽을 힘을 다해 쫓아갔지만 평소보다 불어난 물은 속도마저 빨라져 꽃고무신은 금세 소용돌이 소沼속으로 곤두박질 쳤다. 소沼에서 들락거리는 고무신을 보며 안타까움으로 발을 동동 굴렀지만 몇 번 자맥질하던 꽃신은 흔적도 없이 사라져 버렸다. 너무 안타깝고 속상해서 목이 터져라 울었지만 내 꽃신은 영영 다시 떠오르지 않았다.

한 달 전에도 미꾸라지 잡는다고 뛰어 다니다 검정 반고무신을 잃었었다. 남자인 오빠도 그런 일이 없는데 번번이 신을 잃어버린 칠칠한 내게 아버지는 잔뜩 화가 나셔서 맨발로 다니라는 엄명을 내리셨다. 한번 말씀하시면 거의 거두시는 법이 없는지라 할머니께서는 뉘 집에선가 헌 신을 얻어 오셨다.

그것마저 신고 까불다 찢어져서 할머니가 안으로 천을 대고 꿰매어 주셨다. 창피하고 불편한 거야 말할 나위 없었으나 워낙 내 잘못이 큰지라 달포 가까이 그걸 끌다시피 신고 다녔었다. 꿰맨 자국이 터질세라 고무줄놀이, 술래잡기 할 때도 난 노상 맨발이었다.

비가 억수로 쏟아지던 날 신발 안으로 몰려든 흙물. 그 흙물이 들어 온 신발이 미끄러워 엉거주춤 걸으면서 아마 나는 주워온 아이일 거라고 눈물 콧물 빗물 범벅되어 섧게 울며 집으로 돌아왔다. 내 안쓰러운 모습이 얼마나 엄마의 가슴을 아프게 했던지 엄마는 다음 날 참으로 고운 꽃신을 사다주셨다.

그런데 그 아까운 내 꽃신. 아직 분粉도 채 가시지 않은 내 꽃신을 또 떠내려 보냈으니. 집에 갈 생각도 잊은 채 꽃신을 삼켜버린 그 소沼를 원망스럽게 바라보며 울고 또 울었다. 할머니에게 팔목을 잡혀 끌려오면서도, 잠자리에 들어서도 그 고운 꽃신을 잊을 수가 없었다.

어렸을 적 신발을 잃을 때마다 안타까웠던 그 마음은 내 의식 밑바닥에 고스란히 가라앉았던 모양일까? 예나 지금이나 꽃고무신을 떠내려 보내는 꿈을 꾸며 안타까워하는 것을 보면. 그리고 꽃신 꿈을 꾸는 날엔 어김없이 누군가와 아쉬운 작별을 고한다.

어제 저녁 꿈은 20년 동안 내 품에서 고이 자란 큰아이를 떠나보내는 꿈이었나보다. 어느 땐가는 우리 모두 헤어져야 하거늘 난 너무 이별을 겁내면서 살아가고 있는 모양이다.

김정화

『월간문학』 등단 (1993년), 전라도 광주 출생
전남대학교 농업경제학과 졸업, 광주문인협회, 남도수필 문학회 회원
수상 : 신곡문학상, 광주문학상, 저서 : 수필집 『왜 우리에게 도돌이표는 없는가』, 『우리는 무엇에 길들여 사는가』
E-mail : kjh86991@daum.net

김금주

22

신작로

아버지는 힘줄이 툭툭 불거져 나온 투박한 손으로 가지와 호박을 따서 봉지에 담으신다.

"첫물이라서 맛있을 게다. 늬 엄마가 살었으믄 폴새 너물을 다 혀먹을 턴디 죄다 쇠어버렸다아."

양손에 들고 있는 봉지의 무게가 의식되지 않는다. 이길 수 없는 슬픔만이 무겁게 가슴을 내리누른다. 터덜터덜 동네골목을 벗어나 신작로로 들어선다.

어머니 사십구일재를 지내기 위해 모였던 가족들이 하나 둘 떠나고 큰집에 혼자 남으실 아버지가 마음에 걸려 며칠 더 있었다. 그런 나를 배웅하기 위해 아버지는 장승처럼 서 계신다. 달리는 차창 밖으로 망초꽃의 한들거림에 눈이 멎는다. 참았던 울음이 다시 올라와 모든 사물이 안개에 휩싸인 듯 희미해진다.

이곳은 내 어린 시절의 외가 동네였다. 방학이 시작되자마자 내려와서 한 동안 지내다 가던 곳이었다. 유년시절엔 그것만큼 신나는 일이 없었다. 군산시에서 두어 시간 버스를 타고 와 부안읍에서 내려 이곳까지는 시오리를 걸어야 했다. 산과 들을 따라 굽이굽이 비탈길을 지나다 보면 일직선으로 쭉 뻗은 신작로가 나왔다. 그 길의 끄트머리에 어렴풋이 외갓집이 있는 마을이 보였다.

그때부터는 마음이 바빠져 한걸음에 다다를 것 같지만 길은 한없이 길고 지루했었다. 하지만 시원하게 트인 들판이 날아갈 듯한 상쾌함을 주었다. 노래를 하며 하늘 높이 뛰기도 하고 빙글빙글 돌다가 눈을 감고 숫자를 헤아리며 걷고 또 걸었다. 그러다 뒤를 돌아보면 지나온 길도 아득하기만 하였다.

평야지대인 이곳은 사방이 광활하게 초록바다로 펼쳐져 있다. 일렁이는 물결 따라 하얀 돛단배가 손을 흔드는 듯 허수아비가 새를 쫓았다. 벼는 이삭이 올라 막 고개를 숙이려 하는데 일제히 같은 방향을 두고 있는 집단의 질서와 고개 숙임의 자세를 배우게 했다. 가도 가도 끝이 없을 것 같던 길에 안개와도 같은 어스름이 걷히면 동네가 윤곽을 드러내었다. 그러면 오던 길을 되돌아보며 감격의 탄성을 질렀다. 어린 눈에 비친 그런 풍경들은 온통 경이로움 그 자체였었다.

나는 그렇게 성장해 왔고 졸업과 함께 독립해서 큰 도시로 나왔다. 이어 부모님은 어머니의 고향인 이곳으로 이사를 하셨다. 간혹 복잡한 도시생활에서 벗어나 이곳에서 머물 기회가 있었는데 나에게 신작로는 여전히 쉼터가 되어 주었다. 책을 무던히도 좋아해서 틈만 나면 길에 나와 앉아 하이네, 헤세, 까뮈 등을 생각하며 시를 읊조렸고 장래와 젊음에 대해 진지한 사색의 시간을 갖기도 했다. 많이 고뇌하고 방황하던 시절이었다.

그러던 어느 날 그 신작로는, 내게 삶의 깊은 의미를 부여하며 다른 시각으로 각인되어 왔다. 이 긴 길처럼 곧고 바르게 살아 갈 것과, 먼 길을 쉼없이 걸어 다다를 수 있었던 것처럼 내 삶의 목표를 향해 한 걸음씩 성실하게 나아가고, 다 와서 되돌아본 길이 경이로웠던 것처럼 훗날 살아온 발자취를 돌아보며 부끄럽지 않게 살아야 함을 일깨우고 있었다. 명쾌한 답을 얻고 다음날 바로 일터로 돌아왔었다.

결혼과 함께 두 아이의 엄마가 된 후에도 친정 나들이 때 꼭 지나야 하는 신작로는 옛날의 모습은 아니었지만, 생활에 지친 나에게 어머니 같은 품으로 제일 먼저 반겨주었다. 그러던 길에 고향의 숙원이었던, 부안과 김제를 잇는 동진강에 다리가 놓이기 시작했고 흙길도 아스팔트로 덮여졌다. 어머니는 동진교 때문에 한 시간 거리가 반으로 단축되고 고향이 발전되어서 기쁘다고 하셨다.

그리고 그 신작로는 갈수록 많아지는 차량들 틈에 내리 치솟듯 달리는 자동차와 결탁하여 사랑하는 내 엄마를 다시는 돌아올 수 없는 곳으로 바람처럼 휘휘 몰아가 버렸다. 그리곤 가슴에 피멍울을 찍듯이 길 한가운데 사고 표시를 해놓고 신호등을 설치하려 길을 온통 파헤치고 있는 것이다.

결국, 문명의 발전은 내 어린 시절의 소중했던 꿈과 추억을 그렇게 거두어갔다. 갑작스러운 사고로 인한 충격과 슬픔에 젖은 우리 가족들은 그 길을 똑바로 바라볼 수가 없어 먼 곳으로 돌아다니고 있다. 동진교 난간에서 릴낚시를 즐기시던 아버지이셨지만, 창고의 낚시가방은 먼지만 자욱하다.

어머니가 수십 년을 오가시던 고향의 신작로, 내 어린 시절에 꿈을 키울 수 있었던 길, 방황하던 젊은 날에 삶의 지표가 되어 주었던 길.

나는 다시 이 길을 사랑할 수 있을까, 아니 다시 이 길을 걸을 수 있을까.

내 슬픔과 관계없이 오늘도 많은 차들은 그 신작로 위를 달리고 있다.

김금주

『월간문학』 수필 등단 (1995년)
성남문협 사무국장, 출판이사, 성남문학 편집장 역임, 현대문학문예 동인, 한국문인협회, 대표에세이문학회 회원
수상 : 대표에세이문학상
저서 : 수필집『사랑을 점검하다』
E-mail : kgj817@hanmail.net

류경희

23

흔들리는 성城

타이완에 살고 있는 장수젠은 대양을 건너 마음을 나누고 있는 귀한 친구다. 후원하는 민간단체에서 대만과 자매결연을 하게 되어 몇 년 전 만나게 된 우리는 한 눈에 서로에게 끌렸고 특별한 사이가 되었다.

나보다 손가락 두 마디쯤이 큰 늘씬한 그녀는 각선미 좋은 그 쪽의 여성 중에서도 눈에 띄게 자태가 고왔는데 진바지를 입은 그녀의 멋진 맵시는 여자인 내가 보아도 황홀할 만한 것이었다.

성격이 급하고 칼칼해서 하고 싶은 말을 거의 참지 못하는 나를 보며 수젠은 자기와 너무 닮았다고 놀라워 한다. 마치 대만의 소나기와도 같이 화닥닥 쏟아지다 언제 그랬냐는 듯 화창해지는 내 성정이 자신을 보는 듯 하다고 신기해 했다.

얼마 전 수젠이 친지들과 한국에 다니러 왔다. 이제는 서로에게 별 허물이 없어진 그녀와 나는 일행이 모두 쇼핑을 나간 오후 한 침대에 나란히 손을 잡고 누워 잡다한 생각들을 털어놓게 되었다. 세 아들의 엄마이면서도 가구 디자이너이며 무역상으로서 활발히 활동하는 그녀의 능력이 너무나 대단하다고 칭찬했더니 아이들의 교육을 거의 완벽하게 책임져 주는 기숙사식 학교가 있어 부담 없는 사회활동이 가능하다고 했다. 그러면서 내가 하는 경제 활동이 구체적으로 무엇이냐고 물었는데 갑작스러운 그녀의 질문에 나는 말을 더듬으며 당황할 수밖에 없었다.

글쎄, 집을 지키고 있는 것도 경제 활동이 될 수 있을까? 꽤 공신력 있는 기관에서 주부의 가사 노동력을 금전으로 환산했더니 약 백오십만 원 정도의 가치로 평가되더라는 말을 어디선가 들은 기억도 있었는데…….

잠시 생각을 이리저리 맞추느라 애를 써 보았지만 그리 충실한 주부도 못 되는 나는 자신 있는 대답을 하기가 힘들었다. 내가 벌고 있다고 내세울 만한 일보다 꼭 필요치 않아도 무심히 무엇인가를 사들이는 소모적인 습관이 먼저 떠올라 말문을 막았기 때문이다.

그러나 내가 누구인가. 당차기로는 어느 나라에도 지지 않을 대한의 여성으로서 수젠 앞에 기가 죽어 있을 수 없었다.

육아와 가사를 전담(?)하기 때문에 대외적 경제 활동을 할 여유가 없지만 내가 하는 일을 너처럼 다른 사람에게 맡길 경우 임금이 높은 우리나라에서는 상당한 지출을 해야 한다. 그러니 나도 많은 돈을 버는 셈이라고 억지 논리를 맞추었다.

그렇지만 내 주위에는 상당수의 여성들이 열심히 경제 활동을 하고 있고 가정을 윤택하게 유지하는 데 많은 도움을 준다는 나의 자랑에 수젠은 예민한 반응을 보였다.

"여자가 번 돈을 가정 살림에 보탠다고?"

그녀에 의하면 그 쪽 여성들은 자신들의 사회적 성취를 위하여 경제 활동을 하고 있으며 그로 인해 생기는 수입은 가정생활에 도움을 주는 것이 아니라 거의 자신에게 재투자하고 있다는 이례적인 말을 했다. 자신을 위한 재투자, 즉 공부를 하고 취미 생활을 하며 자신을 가꾸고 치장하는데 수입의 전부를 쓴다는 설명이었다.

우리네와는 너무나 다른 그녀의 이기적인 생각에 이번에는 내가 놀랐다. 남편과 이십여 년 동안 맞벌이를 하며 거의 모든 살림을 책임졌으면서도 친정 동생의 결혼 선물을 할 때 남편의 눈치가 보여 남편 몰래 동생에게 얼마간의 현금을 따로 건넸다는 친구의 얼굴이 문득 떠오르기까지 했다. 하긴 평범한 우리 여성 중에 자신의 당연한 몫을 제 마음대로 주장하지 못하는 사람이 어찌 그 친구의 경우뿐이겠는가.

주부로서의 역할도 하지 않고 그 대신 얻은 경제력을 가정에 보태지도 않는다면 네 남편이 싫어하지 않느냐라는 나의 질문에 수젠은 만일 그런 일이 있다면 자립할 능력이 있는데 그 사람과 왜 살겠느냐고 웃으며 대꾸했다.

여성의 지위가 남성을 거의 능가한다는 대만은 네 쌍 중의 한 쌍이 이혼을 하고 있다고 한다. 부부간에 갈등 요소가 발견되면 선선히 헤어지는 것이 보통이라는 것이다.

아이들의 양육에 대한 부담이 없고 가치관이 우리보다 훨씬 서구 쪽에 가까워서 그런가보다 이해하려 했지만 일단 결혼을 하면 부부 관계가 남녀를 넘어 가족으로 생각되는 나에게 그들의 생활은 마음에 들이기 어려운 부분이 많았다.

“수젠, 남편과 갈등이 있어도 참아야 하지 않을까?”

“그러면 한국 남자는 전혀 문제가 없어?”

나는 그녀를 보며 씁쓸하게 웃었다.

“내 남자이기 이전에 내 아이의 아버지니까 모든 것을 이해해야지.”

나를 지금의 남편보다 더 사랑해 줄 남자는 있을지도 모르지만 내 아이를 친아버지보다 더 사랑할 사람은 세상에 없을 거라고 했더니 그녀는 내가 갑자기 자기 어머니 세대의 노친네 같이 느껴진다고 눈을 흘겼다.

“그러면 한국 여자들은 남편에게 불만 있을 때 무조건 참는 거야?”

나는 수젠의 귀에 바짝 입술을 대고 속삭이듯 대답했다.

“우리는 남편이 미우면 남자친구를 만들어.”

이건 절대 농담이니 지워버리라고 부연했지만 그녀는 침대가 흔들리도록 웃어댔다.

굳이 누구와 비교해보지 않아도 우리 어머니들 시절에 비해 여자들의 목소리가 커지긴 했다. 자기를 위해 쓰는 것을 떠나 여성이 경제력을 가지게 되면서 남자에게 지지 않는 목소리를 낼 수 있게 된 것이다. 여성이 남성에게 떳떳하고 당당해지기 위해서 얼마간의 경제적인 독립이 필요하다는 점을 인정하지 않을 수는 없겠지만 지나치게 네 것 내 것을 구분하며 사는 영악함이 왠지 마음에 들지 않는 것도 사실이다.

한 날 여러 번 재가를 했던 어느 할머니를 어머님께 흉 삼아 이야기했더니

“옛날 여자들이 남자가 그리워 재가를 했다더냐. 남자에게 의지하는 일밖에는 제 몸과 새끼 몸 거둘 수 있는 방법이 없었다.”며 어머님께서 정색을 하셨다. 혼자 살 수 있었던 여인들은 그나마도 경제적으로 버틸 힘이 있었기 때문이라는 말씀이 숙연하기까지 했다.

여성에게도 경제적 자립은 필요하다. 그러나 경제적인 풍요가 여성을

더 자유롭고 행복하게 만들어 주는 절대적인 것일 수 있을까. 불과 4반세기 전까지만 해도 여성의 경제적 무능 때문에 지켜지지 못했던 그들의 울타리가 이제 여성의 경제적인 능력 탓에 오히려 더 많이 허물어질 수도 있다는 사실이 아이러니하기만 하다.

자신이 번 돈은 당연히 자신만을 위해 써야한다는 수젠의 말이 생각날 때마다 나는 약한 바람에도 휘청거리는 부실하고 위험한 어떤 성城이 떠올랐다. 성 안에 사는 사람들이 항상 떠날 준비를 하고 있는 불안한 성이.

류경희

『월간문학』 등단 (1995년), 청주 출생
국제 펜클럽, 한국 문인협회, 충북 수필문학회, 청주문인협회, 대표에세이문학회 회원, 현 세종데일리 편집국장, 수상 : 연암문학상 대상, 청주시문화상, 저서 : 수필 『그대 안의 blue』, 『세상에서 가장 슬픈 향기』, 『소리 없이 우는 나무』, 『즐거운 어록』 등
E-mail : queenkyunghee@hanmail.net

조현세

24
어머니의 '뽕브라'

유년기에 내 시선은 재봉틀에 열중하신 엄마의 젖무덤의 흔들림에 멈추곤 했다. 한여름 세모시 적삼을 적시는 엄마의 땀방울보다 젖무덤 사이의 'ㅅ'자를 거꾸로 한 곡선이 내 시선을 끌었던 것일까. 그럴 때면 엄마는 삯바느질 마감으로 분주한 손놀림을 멈추지도 못한 채 물끄러미 서 있는 내게 '장승처럼 서 있지 말고 재봉틀 앞에 앉아서 단이나 똑바로 박히게 잡아 달라'곤 하셨다.

어머니는 청상과부가 된 뒤 사십여 년을 살아오셨지만 강골 기질로 큰 병은 없으셨다. 어느 날 환갑잔치를 하느냐 마느냐 하는 중에 왼쪽가슴에 멍울이 크게 잡힌다며 걱정을 하셨다. 대학병원을 찾은 날 의사는 조직 검사도 할 틈 없다며 서둘러 제거 수술을 권했다. 나 역시 동의서를 썼다. 이제 어머니의 가슴은 내게는 더 이상 훔쳐볼 대상도 아니며 어느 누구도 만지거나 봐줄 유방은 더더욱 아니라는 판단에서였다.

다행히 수술경과가 좋았다. 책임감을 완수한 아들로서 뿌듯하기까지 했다. 퇴원 후에 나는 어머니의 젖가슴에 대해서 오랜 동안 까맣게 잊고 살았다. 가끔 병원에서 예방차원의 검진 요령 엽서가 날아왔지만, 그 또한 어머니가 능히 혼자 이십여 년을 해결해 오셨다.

어머니는 여름에도 꼭 내의와 겉옷을 갖춰 입으셨다. 어쩌다 옷을 갈아입으실 때면 문을 슬며시 닫았다. 그런 때에도 '연세도 높으신 분이 어지간히 내외하시네' 하면서 혀끝을 차기도 했다. 외아들이지만 어머니의 유방 한 쪽이 없다는 것에 조금도 관심을 기울이지 못한 채 덤덤하게 살아왔다. 혹여 누가 어머니의 가슴 어느 쪽을 도려냈는지 묻는다 해도 기억조차 아리송한 놈이 되는 사이에 나 또한 환갑이 지나갔다.

그런 삶 속에서 어머니는 자주 다니던 대중목욕탕조차 못 가실 정도로 거동이 불편해지기 시작했다. 결국 오른쪽 팔에 마비가 오고 말았다. 왼손잡이로 간신히 식사를 하는 어느 여름날, 어머니 곁에서 서서 반찬을 올려드리다가 나는 기겁을 하고 말았다. 브래지어가 없는 모시적삼 사이로 보는 오른쪽 젖이 축 처진 것이야 노인이니 그렇다 쳐도, 왼쪽은 완벽히 그야말로 아무것도 없는 판자와 같이 밋밋했고 오히려 안으로 휘어들어간 절벽이었다. 어린 시절 힐긋힐긋 훔쳐본 이후 다시 처음 본 그날, 나는 어머니와 도저히 점심을 함께 먹을 수 없었다. 오랫동안 무심했던 내게 엄청난 자책감이 밀려왔다. '저렇게도 축이 무너진 듯한 빈 가슴에 서늘하고 애잔한 바람은 또 얼마나 불어왔을까.'

혼자 힘으로는 장롱서랍조차 못 여시게 된 요 며칠 전, 어머니는 오래된 가방을 꺼내 달라고 하셨다. 아랫단의 핸드백을 꺼내 여니 옛날 돈 몇 장과 우표에다 부적도 나왔다. 그 옛날 지폐가 골동품 가치가 있을 거라며 내게 주셨다. 그런데 그 옆에서 부드럽게 걸려 올라오는 끈이 있었다. 이제 모두 버릴 것이라며 애써 외면하는 어머니의 목소리가 가슴에 꽂혔다. 못 본 체 한 켠에 비켜두었다 그날 밤 나는 몰래 혼자 꺼내보았다.

그것은 나일론으로 만든 싸구려 브래지어에 빨아서 재활용하는 거즈를 알맞게 접고 또 접어 도톰하게 만든 가짜 브래지어, 속칭 '뽕브라' 였다. 돌돌 말면 야구공만 한 그것은 어쩌면 미이라에서 꺼낸 것처럼 누런 빛에 실밥도 터져 나와 있었다. 어머니의 수제手製 뽕브라를 이리저리 만져보는 내 손등위로 그칠 새 없이 눈물이 떨어졌다. 뽕브라를 움켜쥐고 뼛속까지 눈물이 배어들만큼 오열했다. 어머니께 살갑게 대해드리지 못한 세월이 부끄럽고도 또 한스러웠다.

그것이 A컵인지 C컵인지 알 바 아니었다. 어머니의 양쪽 유방을 잇는 곡선 가운데의 흰색 리본마저 그동안의 모든 여성성을 죽여 온 상장喪章의 머리핀처럼 보였다. 어머니는 단 한 벌의 무릎길이의 슈미즈에도 손수 만든 뽕브라를 매단 채 가슴 도려낸 상흔을 이십여 년 동안이나 덮어왔던 것을 나는 몰랐던 것이다. 누가 볼세라 혼자 한 땀 한 땀씩 떠가며 몰래 만든 뭉치를 가슴싸개로 해 오신 어머니의 여름날 외출은 얼마나 더웠을까.

아무리 성性이 다른 아들이라 해도 어찌 그토록 무심할 수 있었단 말인가. 그 많은 여성 속옷들이 기억형 와이어가 몸매를 잡아준다는 보정형에서부터 수영복형 뽕브라까지 통신판매를 하는 이런 세상에 나는 무엇을 보며 살았는가? 수십만 원짜리 고급 상표가 아니더라도, '볼륨업'까지는 아닐지라도, 그냥 형태만이라도 왼쪽 한편을 채워주는 예쁜 색 '브라'를 특별 주문 제작할 생각을 왜 못했을까. 함께 외출을 해도 누구의 눈길도 머물지 못하는 무덤덤한 노인이 되어버린 어머니의 가슴이기에 한쪽이 패인 들 무슨 걱정이냐 방치했던 것은 아닐까.

이제는 홈쇼핑 방송에서 속옷 광고를 하는 러시아계 여인들의 완벽한 유방이 그저 밉다. 죄인이 돼버린 내 시선은 이제는 어떤 여성이라도 그녀의 가슴에 머물지 못한다. 칠십여 년이 되어 가는 어머니의 분신 같은 손재봉틀과, 가슴을 후회로 멍들게 하는 어머니의 수제 뽕브라만 내게 애장품처럼 남았을 뿐이다.

조현세

『월간문학』 수필 등단 (1995년)
한국문인협회, 대표에세이문학회 회원, 도시계획 기술사, 도시연대(걷고 싶은 도시 만들기 시민연대) 부이사장
저서 : 수필집『마라톤과 어머니』
E-mail : cityboy982@hanmail.net

김지헌

25

직소폭포

내 나이 열 넷, 산벚꽃이 아름다운 봄날에 직소폭포와 처음 만났다.

전깃불 대신 희미한 등잔불 밑에서 전설 따라 삼천리에도 자신을 몰입시키던 순박한 소녀였을 때였다. 그 폭포를 보며 상상한 것은, 전설 속의 인물, 한 많은 여자와 그 용소에서 죽은 남자들이었으며, 전해오는 이야기처럼 열 두 타래의 실을 풀어 그 깊이를 알아보고 싶어 했다. 그 때의 내게 폭포는 전설을 품은 자연의 일부였다.

내 나이 스물 셋, 녹색 이파리들의 광합성이 한창일 때, 직소폭포와 두 번째 만났다. 그 때 내 옆에는 신록같이 푸르른 한 남자가 있었다. 자연과 사람과 그들이 꾸는 꿈까지 초록빛이었을 때의 직소폭포는 자신만만하게 내달리는 일직선의 물줄기였다. 한 인간에게 향하는 감정이 직선적이던 시절, 내 삶도 직소폭포처럼 힘차게 흘러갈 것으로 믿었다. 누군들 굴곡진 생을 원할까마는 그 굽이가 내게도 적용될 거라는 것은 상상할 수 없던 시절이었다.

내 나이 서른 둘, 여름이 가는 길목에서 직소폭포와 세 번째 만났다.

뜬구름 잡기로 작정한 것도 아니건만 자신을 믿으라는 남자를 따라 서울행 고속버스를 탄 지 1년만의 일이었다. 웃음소리 잔잔하게 배어나던 작은 둥지마저 물보라처럼 날려버려 춥고 서러운 모습이었어도, 줄기차게 흘러내리는 폭포를 흉내내보자는 용기는 남아있을 때였다. 그때에도 나는 현상적인 것들에서 한 발짝 물러서 있지 못했다.

내 나이 마흔 셋, 선홍빛 단풍으로 산하가 아름답게 채색될 때, 직소폭포와 네 번째 만났다. 이제는 슬픈 여인의 전설을 믿는 순수도 퇴색되고, 폭포가 주는 거침없는 내달림도 없을 뿐더러, 세상사에 주눅이 들면 툭툭 털고 일어날 용기도 퇴색되어 버렸다. 그런데도 슬프지 않는 건 왜일까. 수천 년 동안 반듯하고 장엄하게 흘러내리는 폭포의 원류보다는 굽이진 작은 길을 흘러가는 지류의 아름다움을 보아서일까. 굽고 숨겨진 줄기를 따라 조용하고 여유롭게 흐르는 작은 물줄기에 더 많은 눈길을 주면서 하는 생각, 고인 물도 혼탁하지만 직선으로 흘러가는 성급한 물도 스스로를 맑힐 수는 없겠다는……. 여유를 부리며 굽이굽이 돌아가는 물이 산소를 흡수해서 스스로를 정화할 수 있음을 언제부터 깨닫게 되었던가.

김지헌

『월간문학』 수필 등단 (1996년), 전북일보 신춘문예 소설 등단
문학박사, 조선대학교 초빙교수
수상 : 수필과비평 문학상, 신곡문학상, 광주문학상, 국제문화예술문학상 등. 저서 : 수필집 『울 수 있는 행복』, 『표면적 줄이기』, 『그는 누구일까』 등, 소설집 『새들 날아오르다』, 논문집 『현대소설의 어머니 연구』 등
E-mail : kim-ji-heon@hanmail.net

장경환

26

두 노인

1. 나, 노인이야!

강남에 급한 볼 일이 있어 아침 9시경 상록수역에서 전철을 탔다. 둘러보니 좌석이 없다. 경로석 옆에 서 있으려니 자연히 경로석에 앉은 사람에게 눈길이 간다. 그 자리엔 세 사람의 젊은 남자가 앉았는데, 어찌된 일인지 잠깐 사이에 코까지 골며 자고 있다.

아침부터 웬 잠을 그리도 깊이 잘까? 생각하며 그들의 모습을 유심히 살펴본다. 작업복 점퍼에 운동화를 신고, 부스스한 얼굴을 옆으로 젖히고 깊은 잠에 빠진 모습이 공장에서 밤샘 근무를 마치고 귀가하는 모양이다. 그야말로 옆에서 천둥 같은 소리를 질러도 깨어날 것 같지 않다. 세 젊은이를 바라보고 있노라니 경로석이지만, 그들의 피로한 몸을 쉬어 갈 수 있는 자리가 있었음을 다행으로 여기며 흐뭇하게 바라본다.

편한 것만 추구하는 젊은 세대에 공장에서 밤새워 근무하는 저런 젊은이가 있기에 우리 경제는 발전하고, 우리가 살아가는 세상은 밝은 미래로 탄탄히 열리겠지……. 생각할수록 대견스럽다. 그들에게 편하게 기댈 수 있도록 어깨라도 슬며시 디밀어 주고 싶다. 상상 속에서 그들의 손도 꼭 잡아 주며 마음껏 위로해 주는 순간이었다. 검은 양복을 말끔히 차려입은 50대 후반쯤으로 보이는 신사가 들어왔다. 그는 다짜고짜 세 젊은이들을 번갈아 우악스럽게 잡아 일으킨다.

"어서 일어나! 나, 노인이야, 노인!"

그래도 세 젊은이는 잠에 취해 깨어나지 못한다, 신사는 더욱 큰 소리로 자기는 노인이라고 외치며 젊은이들을 억세게 흔들어 깨운다. 신사는 대중의 시선쯤은 아랑곳 없는 모양이다. 그제야 청년 한 사람이 흐느적거리며 가까스로 일어난다. 두 눈은 감겨서 뜨지 못하고 좌석 옆 기둥을 잡고 겨우 일어서나 싶더니, 그대로 몸을 기댄 채 서서 다시 깊은 잠에 빠진다. 나는 안절부절 못하고 그 곁을 지킨다.

자칭 노인이라는 신사의 머리는 유난히 검은데, 무스인지 향수인지 번지르르 바르고 풍기는 냄새조차 역겨워 흘낏 쳐다보니, 노인대접 당연히 받았다는 듯이 팔짱끼고 마냥 여유롭다. 나는 기어코 입 안에 뱅뱅 도는 말을 쏙 내뱉는다.

"공장에서 밤새워 일하고 돌아오던 중인가본데요."

그러자 신사는 오히려 당당하게 말한다.

"젊어서는 고생 좀 하는 게 당연하지."

사당역에 당도해서야 빈자리가 나온다. 반가운 마음에 얼른 젊은이를 잡아끌며 앉으라고 권했다.

"괜찮습니다. 그런데 여기가 어디죠? 깨워 주셔서 정말 고맙습니다."

이촌역에서 젊은이가 내리고, 사당역에서 내려야 될 나는 그제야 성급히 내린다.

그런데 참으로 묘하다. 아침에 전철 안에서 만난 신사의 번지르르한 검은 머리가 온종일 쫓아다니며 내 머릿속을 휘젓더니, 귀가하는 전철 안까지 쫓아와 내 귓전에 대고 연신 쇳소리로 외쳐댄다.

"나, 노인이야! 노인!"

2. 호루라기 부는 할머니

아침이면 심신을 활짝 깨우는 소리가 있다. 교통정리하며 불어 젖히는 김순업 할머니의 호루라기 소리다. 자그마한 체구에서 흘러나오는 호루라기 소리가 어찌나 당차던지 나태할 대로 나태해진 내 정신세계가 화들짝 깨어나는 기분이다.

김 할머니는 7년 전 효성스런 자녀들의 보호막을 굳이 사양하고 우리 마을에 이사를 왔다. 처음 만난 나에게 먼저 인사를 청해 왔다. 얼떨결에 인사를 받았는데, 허리를 구십 도로 숙여 정중하게 인사하시는 모습에 얼굴이 화끈 달아올랐다.

그 후 자주 뵐 수 있었는데 항상 단정한 머리 매무새와 정갈한 옷차림을 갖추신 김 할머니는, 소녀의 해맑은 웃음을 가득 싣고 먼저 인사하는 것을 잊지 않았다. 그리고 얼마를 지났을까? 김 할머니는 그늘진 이웃을 찾아서 활기찬 봉사활동을 하시더니, 초등학교 가는 신호등 앞에서 전문적인 두각을 나타내기 시작하신다. '교통자원봉사복'을 단정하게 차려입고 호루라기를 불며 지휘하시는 모습이 누가 보아도 예사로운 솜씨가 아니었다. 비가 오거나 눈보라치는 엄동설한에도, 77세 고령의 연세에도 불구하고 봉사 활동은 여전하셨다. 당연히 보호받을 노인이건만 밤새 앓

다가도 사랑의 힘으로 일어선다는 것이다. 김 할머니의 깊고 그윽한 소원은 꿈나무들이 예절 바르고 씩씩하게 자라는 것이라 한다.

오늘 아침에도 신호등 앞에서 초롱초롱한 눈망울의 아이들을 만난다.

"할머니! 안녕하세요?"

아이들은 반가운 목소리를 드높여 일제히 인사를 올린다. 김 할머니는 수첩 든 손을 번쩍 올리며 답례하신다.

"네, 안녕하세요? 이 수첩에 이름 적힌 학생들은 공부 끝나면 문방구로 오세요."

문방구엔 '예절바른 어린이상'이라고 적혀 있는 선물 꾸러미가 예쁘게 포장되어 있다. 값비싼 건 아닐지라도 숫자가 제법 많음을 미루어보아 할머니의 두어달 용돈은 소요되었으리라. 평소에 인사 잘 하는 어린이를 선정해서 주었는데, 이젠 학생들이 모두 인사를 잘 해서 용돈이 제법 많이 나간다며 활짝 웃는 김 할머니의 얼굴엔 행복이 넘실거린다.

김 할머니를 만나면 까닭모를 행복이 전이되어 옴을 느낀다. 자그마한 키를 더욱 낮추며 모든 이에게 귀감이 되어 살아가는 김 할머니, 그 앞에 서면 나의 키가 부끄러워 저절로 키를 낮추게 된다. 그러고 보니 어느새 김 할머니의 호루라기 소리는 내 삶의 향기로운 지표가 되어 활기찬 아침을 깨우고 있다.

---

* 김순업 할머니 : 2013년 현재 88세가 되신 김순업 할머니는 지금도 아침마다 호루라기를 불고 계시다.

장경환

『월간문학』 등단 (1996년), 충남성환 출생
한국문인협회, 안산문인협회 회원, 대표에세이문학회 회장 역임, 한국수필가협회 이사, 안산여성문학회장 역임
수상 : 성호문학상, 안산시문화공로표창
저서 : 수필집 『마흔다섯개의 느낌표』 등 공저 다수
E-mail : catari21@hanmail.net

정태헌

27
강물에게 길을 묻다

강변에 서서 도도히 흐르는 물살을 바라본다. 강물은 꼬리에 꼬리를 물고 무리지어 유장하게 흘러간다. 느릿하게 걷다가도 창창蒼蒼히 달려간다. 때론 소쿠라지고 소용돌이치면서도 강물은 한 가지 열망으로 먼 길을 향한다. 한사코 더 높은 곳으로 가려는 강변 너머의 아우성들을 못 들은 체, 묵묵히 더 낮은 곳으로 향할 뿐이다. 산록의 갈맷빛 물그림자에 몸을 헹구며 흐르기에 더 청징해 보인다.

늠실늠실 흘러가는 저 섬진강 강물을 보라. 있는 힘을 다해 바다로 향하고 있지 않은가. 맴돈다고 에돈다고 나무랄 일이 아니다. 헤살 놓는 바람에도 잔물굽이만 흔들릴 뿐, 맴돌아도 눈을 뜨고 에돌아도 멈추지 않으며 흐르면서도 해찰하지 않는다. 더디 가니 빨리 가라 등을 떠밀어서는 안 된다. 강물은 가야할 길과 곳곳에서 흐르는 속도를 잘 알고 있다. 스스로 최선을 다해 흔적을 만들며 흐르고 있는 중이다. 강물은 무릎 꺾여 넘어질지라도 흘러갈 것이다. 흘러야 한다. 그래야 지혜를 얻게 되고 낮은 곳에서도 갈 길을 찾게 된다.

우리가 산다는 것도 강물처럼 가야할 곳을 향해 흔적을 만들며 흐르는 일이다. 생은 물질적이든 감정적이든, 육적인 것이든 영적인 것이든 성취하고 싶은 목표를 향하여 걷는 일이다. 힘겹다고 중도에 머물러 버리면 썩고 만다. 여울에서 맴돌다 길을 잃어버리면 방황하게 된다. 안주는 부패를 낳고 방황은 혼돈을 불러온다. 허나 방황할지언정 저 강물처럼 쉼 없이 흘러가야 한다. 방황은 그래도 앞으로 나아갈 수 있는 기틀과 원동력을 잉태하고 있다. 수평선의 시원은 방황하면서도 쉼 없이 흐른 계곡물이다. 하지만 안주는 무력함이며 퇴보다. 머물러 평온만을 누리며 사는 일은 흐르지 않는 강물처럼 썩고 만다. 머뭇거려서는 안 된다. 저 강물처럼 부지런히 흘러야 한다. 중도에 마르지 않는 한 강물은 바다에 이른다.

강물은 흘러가야 할 곳이 분명하기에 저리 늠실거리며 흘러가는 것일 게다. 세류로 흘러 여울에서 감돌다가 대하와 만나기도 하며 그 과정에서 청류도 되고 탁류도 된다. 절벽에서는 폭포로 떨어져 내려 소를 이루고 장애물을 만나면 사나운 기세로 빠르게 소용돌이치지만 평지에 이르면 장엄하게 흐른다. 산악에서 발원하여 바다에 이르는 강물의 흐름을 생각해 보라. 이 또한 우리 생의 모습이 아닌가. 강 상류의 빠르고 격한 흐름은 젊은 날의 열정과 방황을, 맴돌며 에돌아 흐르는 물길은 중년의 시련과 갈등을, 하류에 이르러 깊고 완만해진 흐름은 노년의 지혜와 넉넉함이지 않은가.

도인道人은 길을 가며 깨달은 사람이다. 강물이 바다에 이르듯, 우리도 가야할 길을 걷다 보면 또 다른 넓은 세상을 만나게 될 것이다. 그게 생의 종착역일지라도 섭리로 받아들일 일이다. 그곳에 이르는 길은 안주나 방황이 아닌 순례의 길이다. 순례는 목표를 세우고 가야할 방향을 향하여 먼 길을 걷는 여정이다. 고통이 따를지라도 가야 한다. 생을 밀고 가며 숙성시키는 힘은 안락이 아니라 고통이질 않던가.

순례 중 간이역을 만나리라. 간이역은 중간 거점일 뿐, 집착해서는 안 되는 유혹의 장소다. 그곳은 삶의 본질에서 벗어난 부수적이고 지엽적인 것들이 매복해 있는 곳이다. 잠시 머물지언정 오랫동안 안주해서는 안 된다. 지향하는 방향과 과정에 힘쓸 일이지 간이역에서 길게 한눈팔다 보면 눈빛이 흐려진다. 이는 강물이 가르쳐 준 삶의 지혜다.

될 수 있으면 혼자 가야 하리라. 허나 뜨거운 피와 붉은 영혼을 지닌 인간이 무소의 뿔처럼 혼자 가는 일이 어찌 쉬우랴. 기꺼운 순례를 위해서는 동행자가 있으면 더 좋으리라. 혼자 가는 것보다는 고단하지 않으며 시행착오를 줄여 줄 수 있을 테니까.

동행은 방황이나 나태를 경계한다. 강물이 무리들과 어깨 맞대고 흐르는 것은 빗나가지 않기 위함이다. 행렬에서 벗어나면 길을 잃고 헤맬 수도 있다. 무리에서 이탈하면 미아가 되기 쉽다. 누군가 곁에서 동행해 준다면 흔흔한 여정이 되리라. 한데 누구와 함께 어떤 형태로 순례를 해야 할까. 이는 각자 선택해야 할 생의 몫이다. 어떤 길로 누구와 어떤 순례를 하는가에 따라 그 삶의 빛깔과 형태는 달라질 것이다.

강물 따라 묵상하며 천천히 걷는다. 무욕의 고요, 순명의 섭리, 생의 무량, 질곡의 너그러움으로 강물은 흐른다. 강물을 따라 걷자. 하늘로 머리를 두르고 땅 위에 발을 딛고 길을 통해 순례를 하자. 옷차림은 치장하거나 화려함을 뽐낼 필요가 없다. 기름진 음식을 배불리 먹지 못함을 서러워할 필요도 없다. 누옥에 거처한다고 기죽을 필요가 없으며 이를 생의 고통이라 여기지 말 일이다. 인생은 기쁨 몇 숟가락에 나머지는 고통의 그릇이 아니던가. 마지막 날, 누워서 생을 마감하기보다는 걷다가 스러져 길 위에서 생명을 소진할 수 있다면 더욱 좋으리라.

강물로 흐르고 싶다. 삶이 세월의 강물에 그물 치는 일이라면 이젠 보다 낮은 곳을 향하여 그물을 드리우고 싶다. 낮게 살더라도 안락의 늪에는 빠지지 말자. 생이 고통과 시련의 연속일지라도 축연祝宴이라 여기는 순례자가 되기를 소망하자. 굽이굽이 긴 여정을 어떻게 흘러야 넓은 바다에 이르러 수평선으로 설 수 있는지 강물에게 길을 묻는다. 낮은 곳을 향해 낮은 목소리로 흘러가는 강물에게 그 길을 묻는다.

정태헌

『월간문학』 등단 (1998년)
한국문인협회, 광주문인협회, 수필문우회, 무등수필협회 회원, 대표에세이문학회 회장, 수필세계 편집위원
수상 : 광주문학상, 대표에세이문학상, 에세이스트 올해의 작품상
저서 : 수필집 『동행』, 『목마른 계절』, 『경계에 서서』 등
E-mail : lovy-123@hanmail.net

김선화

28

공진共振

청거북 한 쌍이 마주보며 신호를 보낸다. 수면에 납작 엎드려 앞다리 둘과 뒷다리 둘을 쭉쭉 뻗어 거의 부동자세를 하다가 파르르 경련을 일으킨다. 물살도 덩달아 가만히 떤다. 생명체와 생명체 간의 소통이다.

아이들이 어릴 때 청거북 여러 마리를 어항에 키운 일이 있다. 병마개만한 것을 사서 등딱지가 두툼해지도록 7, 8년을 길렀다. 한데 이 녀석들은 저희들끼리의 행위로도 모자라, 이 주인댁을 향해서까지 그 무언의 언어를 보내오지 않겠는가. 그럴 때면 나는 아예 거북이만큼 작아져서 내면이 파르르 떨리곤 했다. 그 희귀한 행동이 청거북 세계의 사랑의 표시라는 지식을 습득하기 전이었지만, 그것들을 대하는 내 가슴은 형용할 수 없이 뛰었다. 같은 공간에서 생활해 온 시간만큼이나 미물과 사람 간에 소통이 이루어진 것이다.

구조물사이에도 주파수가 맞으면 떨림이 일어난다고 한다. 미국의 한 디스코텍에서는 음악의 박자와 맞아떨어진 건물이 붕괴한 일이 있었다고. 연전 우리나라에서도 국기게양대가 한밤중에 떠는 현상을 일으켜 마을사람들이 크게 놀라는 소동이 벌어졌었다. 매일 같은 시간대에 하나가 떨기 시작하자 옆의 것도 이내 흔들흔들 움직였다.

공진共振, 한 진동체가 다른 진동체에 이끌리어 그와 같은 진동수로 울린다는 뜻이다. 즉 함께 떤다는 의미이다. 이것은 곧 소통이다. 서로 통한다는 얘기의 다른 표현이다. 사람과 사람사이에도 공진현상과 같은 떨림이 일어날 때 무한한 의미를 확보하게 된다.

선들바람에 이끌린 어느 날, 차를 두 번이나 갈아타고서야 경기북부의 한 정거장에 도착했다. 그곳엔 동갑내기 친구가 마중 나와 있었다. 그녀는 서울출신으로 농촌출신인 나와는 상반된 점이 많다. 하지만 우리들은 십 수년 지기이다. 문학의 끈에 의해 벗이 된 이후 '서울 쥐, 시골 쥐'를 자처하며 지낸다. 정서적인 면에서 더러 거리감을 느끼긴 하지만 두 사람은 차이성 속의 유사성을 즐긴다. 나고 자란 지역이 다르기는 하나, 우리는 동시대인同時代人이라는 점에 더 무게를 싣고 있다.

사람이 한 시대를 살아가면서 상대적으로 끌림이 없다면 얼마나 삭막할까. 그것도 글로 맺어진 관계에 있어서이랴. 바람처럼 스쳐지나갈 수도 있는 인생길에서 '동인同人'이라 이름 지어진 울안의 사람들이야말로 피차 가벼운 인연이 아니라 여겨진다. 이들 간의 떨림은 정신과 정신의 미세한 결이 닿은 매우 고급스런 교류이다.

톨스토이 전을 관람하다가 푸시킨이 1836년에 창간한 잡지 『동시대인』의 동인 작가들을 접하게 되었다. 곤차르트, 투르게네프, 오스트로프스키 등등. 그중에서 투르게네프가 톨스토이에게 보낸 편지를 확인하는 순간 가슴이 벅차올랐다.

'내가 당신과 동시대인이라는 것이 얼마나 기쁜지. 그리고 나의 마지막 기심己心어린 부탁을 청하고자 당신에게 이렇게 편지를 씁니다. 내 친구여, 다시 작품 활동을 재개하시기 바랍니다.

내 친구여, 러시아 땅이 낳은 대문호여…….

나의 간곡한 청을 부디 귀기울여주시오.'

『전쟁과 평화』 등의 숱한 명작을 낳은 톨스토이도 한때 펜대를 뉘인 일이 있었던 것일까. 노년에 이르기까지의 이런저런 창작과정에서 그와 함께한 문우들은 무수히 서로를 독려하며 지렛대역할을 하였던 듯 싶다.

나는 위의 글귀 앞에서 얼마나 마음 흡족했는지 모른다. 다른 사람들이 기념사진을 찍는 동안에도 이 부분을 서류봉투 겉면에 필사하며 적잖이 흥분하였다. 우정, 떨림, 그런 것들이 복합적으로 나를 부동자세로 있게 하였다. 후대를 살아가는 우리들에게 더 없는 우상으로 자리 잡은 대문호들. 그들도 문학의 길에서 적잖이 고뇌가 따랐던가보다. 때로는 혹독하리만치 고독의 숲을 헤매기도 했을 것이다. 그럴 때 넌지시 다가와 손 잡아주는 이가 있어 얼마나 위안이 되었을까. 더불어 떨린다는 것은, 자칫 메마를 수 있는 삶의 결을 한층 역동적으로 끌어올린다는 말 아닌가.

문득 스스로에게 묻고 싶어진다. '어느 때 찾아가도 허허 웃을 사람, 어느 때 찾아가도 오해 없을 사람, 어느 때 찾아가도 뜨겁게 포옹할 수 있는 사람, 이런 귀한 사람 몇 두었는가. 서로가 서로를 알아보아 미세한 결로 떨려오는 사람, 과연 그대 곁에 존재하는가?' 하고.

김선화

『월간문학』 수필 등단 (1999년), 『월간문학』 청소년소설 등단 (2006년) 한국문인협회, 국제펜클럽, 수필문우회 회원, 한국수필가협회 편집위원, 선수필 기획위원, 군포중앙도서관 문학 강의, 수상 : 한국수필문학상, 대표에세이문학상, 대한문학상, 저서 : 수필집 『둥지 밖의 새』, 『눈으로 보는 소리』, 『소낙비』 등 6권, 시집 『눈뜨고 꿈을 꾸다』 등 2권, 청소년소설집 『솥수펑이 사람들』, 『바람의 집』 등 E-mail : morakjung@hanmail.net

박경희

29
살아서 쓰는 나의 유언장

내 안의 결핍과 상처까지도 품어주고, 한없는 신뢰로
내 세계를 구축해 갈 수 있도록 전폭적인 지지를 해 준 당신.
보헤미안 기질이 다분한 나를, 두 아들의 엄마로
정착하게 해 준 당신, 진정 고맙습니다.
이 땅에서 내가 못 갚은 사랑, 하늘이 갚아주실 줄 믿습니다.

늘 남을 먼저 배려하는 큰아들 석아,
아무런 준비 없이 엄마가 된 탓에 너에게 수없이 많은 시행착오를
행하며 살아왔다.
네가 자신보다는 남을 너무 많이 배려하는 것을 보면서
철없는 엄마의 연약함 때문인 것 같아 미안했다.
네가 일찍이 너처럼 착하고 독립적인 우렁각시를 만나,
존재의 근원을 깨닫게 해 준 아민이를 낳았을 때.
가슴이 뜨거웠다. 이 땅에 머무는 동안 내게 충만한 기쁨을 준

내 아들 석아, 고맙다. 진정 사랑한다.
마지막 부탁이 있다. 힘들 때는 힘들다고 말하며 살기 바란다.
네 곁에 있는 너를 가장 사랑하는 사람에게. 그래야 건강한 부부다.

나의 분신, 나의 사랑하는 아들 동아!
나의 모든 것의 모든 것을 닮은 너를 보며
엄마는 놀랍고 또 행복했지만, 때로는 버거웠다.
너의 흔들림은 내 청춘의 뒤안길이었으며,
너의 방황은 내가 풀어내지 못한 현실의 아픔이었다.
너를 위한 기도는 죽는 이 순간까지도 이어진다.
지금 너의 자리는 네가 만든 것이 아닌,
하늘로부터 내린 사명이자, 사랑의 증표다.
늘 네가 자랑스러웠다. 늘 사랑스러웠다. 늘 대견했다.
아들아, 어쩌면 섬처럼 외로웠을지도 모를 아빠를 부탁한다.

혹, 내 몸에 피치 못할 상황이 닥쳤을 때
나를 조용히 (현대의학적인 모든 시술을 거부)
내 유년의 뜰인,
붉은 달이 피고 지는 단월丹月에 뿌려주길…….

박경희

『월간문학』 수필 등단 (2000년), 『월간문학』 소설 등단 (2004년)
방송작가, 탈북 대안학교 강사
수상 : 한국프로듀서연합회 라디오부문 한국방송작가상, 대표에세이 문학상, 저서 : 청소년소설집 『류명성 통일빵집』, 『분홍벽돌집』 등 3권, 수필집 『내 나이 마흔으로 산다는 것은』 등 2권
E-mail : park3296@naver.com

문영숙

30 어머니의 비녀

어머니는 예순 다섯 살에 처음으로 미장원엘 갔다. 그날도 자의가 아닌 딸의 손에 억지로 따라나섰다. 서울로 이사온 지 3년 만이었다. 그 즈음 어머니의 머리는 거의 백발인데다 숱도 없어 비녀가 헐거워 불안하기만 했다. 그래도 한사코 머리를 자르지 않으려 했다.

나는 어머니 혼자 갈무리도 못하는 머리를, 비녀를 꽂을 때마다 남의 손을 빌려야 하는 머리를, 편리하게 잘라버리라고 반강제로 몰아붙이며 어머니를 모시고 미장원 문을 열었다.

어머니는 싹뚝싹뚝 잘려나가는 당신의 머리를 보며 금방 쏟아져 내릴 비구름처럼 얼굴이 변했다. 미용사는 어머니의 기분엔 아랑곳없이 짧아진 머리에 퍼머넨트 클립을 감기 시작했다.

"아휴, 어머니, 여직까지 비녀를 꽂고 계셨어요? 이제 10년은 젊어 보이실 걸요. 그리고 날아갈 것처럼 시원하실 거예요."

미용사는 어머니의 서운한 표정을 읽었는지 내 편이 되어 어머니의 고루한 의식을 비판하듯 말했다. 파머를 한 어머니는 미용사 말대로 정말 10여 년의 세월을 너끈히 건너 뛴 것처럼 훨씬 젊어보였다. 그래도 어머니 자신은 단정하게 쪽을 졌던 머리가 다 잘려나가고 구불구불한 웨이브로 바뀐 모습을 쉽게 받아들이지 못했다. 어머니의 표현을 빌자면 한 바가지가 된 머리모양이 영 단정치가 않다며 자신의 쪽진 머리를 한동안 그리워했다.

나는 제발 촌티를 그만 내라며 갑자기 어머니가 세련된 도시사람이 된 것처럼 호들갑을 떨었다. 무엇보다 내 손을 빌려 낭자를 틀고 비녀를 꽂지 않아도 되니, 얼마나 좋으냐고 어머니의 서운함을 책망했다.

머리를 자르고 난 후 어머니는 자신이 꽂던 비녀를 보물처럼 간직했다. 머리를 감을 때마다 노랗게 닦던 그 비녀는 지금 생각해보니 구리비녀였다. 찢어지게 가난했던 우리 살림에 그 구리비녀는 어머니의 귀중품 1호쯤 되었을까.

어머니는 한일합방이 되던 1910년에 태어나셨다. 서른 후반에 아버지를 만나 머리를 얹었으니 그 시절에 매우 늦은 결혼이었다.

어머니 세대의 여자들에게 비녀는 결혼의 상징이었다. 머리를 얹는 일은 비녀를 꽂는 일이었다. 어머니가 머리를 자르고 그 비녀를 소중히 간직했던 마음이 얼마나 애잔했을까. 머리를 잘랐을 때는 이미 아버지가 돌아가신지 20년이 훨씬 넘었을 때였다. 아버지를 만나 머리를 얹은 증표가 그 비녀였으니, 머리를 자르는 일은 그 비녀와 영원한 이별인 동시에 아버지와 이어진 끈도 끊어진 기분은 아니었을까.

평생 시골에서 흙과 씨름하며 가난하게 살았던 어머니가 갑작스런 서울 생활에 낯설음이 한두 가지가 아니었을 것이다. 그런 즈음 머리까지 댕강 자르고 비녀와 이별해야 했던 어머니의 그때 마음을 나는 전혀 헤아리지 않았다.

그 후 낯선 서울살이의 잦은 이사로 어머니의 비녀는 언제부턴가 행방을 찾을 수 없었다.

어머니는 다섯 살 때 소아마비를 앓으셨다. 당시에는 백신이 없던 시대라 소아마비의 후유증으로 불구의 몸이 된 사람들이 많았다.

내 어머니도 그 병을 비껴가지 못했고, 소아마비 후유증으로 왼쪽 팔다리를 자유롭게 쓰지 못했다. 한 손으로 밥하고, 빨래하고, 바느질도 잘하셨다. 그 시절은 손바느질로 바지저고리를 짓던 시절이었다. 그때마다 나는 어머니의 머리를 땋아 비녀를 꽂아드렸던 것처럼, 어머니가 바느질을 할 때는 바늘에 실을 꿰어 드리기도 했다.

어머니는 한 손밖에 쓸 수 없었지만 남들보다 부지런하고 정갈하게 살림을 꾸려 동네 새댁들이 시집을 오면 어머니에게 장 담그기를 배우기도 했다. 나와 오빠를 낳아 몸에 흠 하나 없이 잘 키워주셨지만, 정작 어머니의 머리는 당신 손으로 맵시를 낼 수가 없었다. 어머니는 머리를 감고 나면 한 손으론 머리를 땋지 못했고, 비녀도 한 손으론 꽂을 수가 없었다.

내 기억엔 언제부터였는지 모르겠다. 내 어린 조막손으로 어머니의 머리를 매만질 때면 어머니의 까만 머릿결에 가슴 가득 안겨오던 풍만함이 지금도 생생하게 느껴진다. 어머니가 머리를 감고 참빗질까지 곱게 갈무리하면, 나는 내 손안에 함빡 안긴 어머니의 머리를 세 갈래로 땋아 쪽을 짓고 비녀를 꽂아 드렸다. 그 일이 귀찮거나 싫다고는 한 번도 생각해 보지 않은 것 같다. 어머니의 긴 머리는 내게 요술을 부릴 수 있는 놀이감으로 신비감까지 더해, 어머니가 머리를 감는 날이면 그 옆에서 빨리 참빗질이 끝나기를 기다리곤 했다. 세 가닥으로 알맞게 나누어 보기 좋게 고루 땋을 때, 세 가닥의 머리칼 양이 똑같아야 낭자를 틀어도 가지런해서 보기가 좋았다.

어린 딸의 고사리 손에 당신 머리를 맡겨야 했을 어머니의 심정은 어땠을까. 그때의 나는 어머니의 심정까지 헤아리기에는 너무 어렸다. 내 손에 맡겨진 어머니의 머리에 비녀를 꽂으면 비로소 어머니의 단장은 끝이 났다.

설을 앞둔 어느 날이었다. 어머니가 내 설빔을 사왔다. 나는 새 옷을 입어보는 게 처음인지도 몰랐다. 항상 읍내의 친척집에서 나보다 큰 아이들이 입던 옷을 얻어다 입히던 어머니는 새 옷을 내게 입히며 입이 함빡 벌어지셨다.

며칠 후 어머니는 정갈하게 설을 맞는다며 머리를 감았다. 나는 어머니가 참빗질이 끝나면 낭자를 틀어 비녀를 꼽아 드리려고 어머니의 머리를 만지는 순간이었다. 풍성하던 어머니의 머릿결이 한줌도 되지 않았다. 흑단처럼 까맣고 윤기나던 어머니의 머리카락이 삐죽삐죽 꽁지 빠진 깃털처럼 볼품이 없었다. 세 가닥으로 나눌 수도 없었다. 비녀도 헐거워서 금세 빠질 것 같았는데 간신히 낭자를 틀어 비녀를 꽂긴 했지만 영 볼품이 없었다.

어머니는 당신의 머리를 솎아 팔아서 내 설빔을 사신 것이었다. 팔다리가 온전치 못한 어머니에게 윤기 나고 풍성한 낭자는 당신의 신체 중에 유일하게 온전한 모습이었을 것이다. 다시는 머리를 자르지 말라며 툴툴거리는 내게 어머니는 괜찮다고, 머리칼은 또 금세 자라나는데 무슨 걱정이냐고, 머리칼이 돈이 되는 줄을 이제 알아서 아쉽다고 하셨다.

몇 해 전 딸의 결혼식을 앞두고 단골 미용실에 갔더니 미용사가 내 머리를 매만지며 말했다. 목이 긴 편이고 얼굴이 작아서 딸 결혼식 날 비녀를 꽂으면 딱 어울릴 것 같단다. 딸은 곧 친정어머니의 분신이니 비녀를 꽂으면 고전미가 겹쳐 한껏 귀부인처럼 보일 거라며 부추겼다. 미용실에서 비품으로 가지고 있던 비녀까지 빌려주겠다고 했다. 그러나 정작 딸의 신부화장을 맡은 미용사는 내게 평범한 게 좋다며 비녀를 꽂지 않았다.

어머니는 아흔 여섯 해를 살다 돌아가셨다. 해마다 여름이면 수시로 목덜미를 타고 땀이 비 오듯 흘러내린다. 머리를 내리면 더 더워 긴 머리를 매번 틀어 올린다. 그때마다 문득문득 어머니의 비녀가 생각난다. 어쩌다 벼룩시장에 가면 나도 모르게 비녀를 찾게 된다. 혹시 어머니가 꽂으시던 그런 비녀가 있을까 싶어서다.

내 어린 날의 손때가 묻어 양끝이 반들반들 닳아있던 그 비녀를 어머니의 유품으로 간직하지 못한 게 못내 아쉽다. 그 비녀는 지금 어디에 있을까.

문영숙

『문학시대』 시 등단 (1999년), 『월간문학』 수필 등단 (2000년), 『문학동네』 동화 등단, 충남서산 출생, 수상 : 신동아 논픽션 당선, 푸른문학상, 문학동네 어린이문학상, 저서 : 수필집 『치매, 마음안의 외딴방 하나』, 청소년 소설집 『에네껜 아이들』, 『까레이스키, 끝없는 방랑』, 『꽃제비 영대』, 동화 『무덤속의 그림』, 『궁녀 학이』, 『검은 바다』, 『아기가 된 할아버지』, 『색동저고리』, 『개성빵』, 『첫 눈』 등, E-mail : soltee1953@hanmail.net

윤자명

31

커피향이 있던 기와집

커피 향에 젖어드는 시간이면 대구 옛집이 그리워진다. 대청마루에 서면 멀리 미군 부대 높은 건물이 보이던 변두리 동네였다. 아담한 기와집 담장에는 아버지의 붓글씨로 적힌 '방매가'란 종이가 붙어 있곤 하였다. 대문을 들락거릴 때마다 방, 매, 가, 하며 소리 내어 읽었다. 겨우 글을 익힐 무렵이었다.

화창한 초여름 날, 아기를 업은 부부가 방을 보러왔다. 어머니와 얘기를 나누고 돌아간 그 사람들이 며칠 후에 이사를 왔다. 대청마루를 가운데 두고 안방엔 우리가 살았고 왼쪽 건넌방에는 석이네가 세 들어 있었다. 새로 이사 온 집은 오른쪽 방에 이삿짐을 풀었다.

나는 석이와 새로 이사 온 오른쪽 방을 며칠째 기웃거렸다. 또래 여자아이가 있었지만 밖으로 나와 우리와 어울리지 않았다. 다시 심심함을 못 이긴 석이와 나는 늘 건너다보며 호기심을 키워오던 미군부대까지 가보자고 대문을 나섰다.

우리는 회색 담벼락에 붙어 서서 발돋움을 하고 부대 안을 구경하였다. 그곳은 그동안 내가 궁금해 하며 상상하던 것과는 달랐다. 국방색이라는 칙칙한 색의 옷을 입은 사람들과 비슷한 건물들이 눈에 들어올 뿐이었다. 실망을 가득 안고 돌아서는데 벌써 해는 서쪽으로 기울어 있었다. 어머니께 꾸중 들을 게 뻔해서 막 달음질을 할 때였다.

"어라, 한 지붕 아이들이구나. 여기까지 놀러왔니?"

새로 이사온 아저씨였다. 퇴근하던 길인지, 아저씨는 들고 있던 누런 봉투 안에서 깡통 두 개를 꺼내 우리한테 주었다. 처음 보는 물건을 받아 들자, 우리는 누가 먼저랄 것도 없이 냅다 집으로 달렸다.

그것은 콜라 캔이었다. 깡통따개도 없어 마시기도 어려운 터라, 이틀날까지 손에 들고 있었다. 모처럼 자랑거리가 생겨 먹는 것 이상으로 포만감을 누렸다. 이튿날 퇴근한 아저씨가 열쇠고리에 달린 깡통따개로 따주어서 우리는 그 신비의 맛을 보게 되었다. 가무스레한 물을 삼킬 때의 달콤 짜릿함은 무슨 맛에도 비할 수가 없었다.

그렇게 며칠이 지나서였다. 아저씨는 여자 아이 둘을 더 데리고 왔다. 처음 집을 보러 왔을 때, 나와 동생 둘, 석이까지 한 집에 있는 걸 보고 같은 자기네 아이들 얘기를 할 수가 없었다고 했다. 아이가 넷이라면 방을 안 줄 것 같아 본의 아니게 속였다며 미안해 했다. 아저씨는 집이 꼭 마음에 드는데다 근무지와 가깝고 특히 주인아주머니가 참 좋아서라고 덧붙이자 어머니는 웃고 말았다.

나는 신이 났다. 늦게 데려온 인자 언니와 어울려 이제 오른쪽 방에도 망설임 없이 몰려 다녔다. 그러면서 콜라 말고도 색다른 기호식품을 인자네를 통해 알게 되었다. 한 방에 모여 껌이나 초콜릿도 맛보았다. 소시지를 욕심내어 덥석 한 입 베어 물었다가 느끼한 맛에 모두 뱉어내기도 했다.

어떤 날은 어른들이 원색 그림이 그려진 매끌매끌한 책을 볼 때가 있었다. 아이들은 쫓는 분위기며 소시지의 생김새를 말할 때의 표정이 낯설었다. 그러나 내가 정말 궁금한 것은 콜라하고는 다른 걸 마실 때였다. 입 속이 단 번에 화해지는 껌도 아니고 콜라도 아닌, 향기가 기막히는 그 음료는 잡지책과 함께 아이들은 근접할 수 없는 성인물이었다. 궁금증이 더할수록 그 갈색 물은 더욱 신비롭게 여겨졌다.

화단에 여름 꽃들이 만발한 어느 날 아침, 이마에 돋은 땀띠가 아침햇살에 따끔거려 수돗가에서 씻고 있을 때였다. 화단에서 별무리처럼 핀 채송화를 보며 곱다고 감탄하던 인자 엄마가 갑자기 안고 있던 아기를 내던지곤 몸을 비틀며 버둥거렸다. 내 비명 소리에 달려온 어머니는 별로 놀라지도 않았다. 익숙하게 일으키곤 흙을 털고 옷끈을 느슨하게 해주었다. 며칠 뒤에도 뒤꼍 장독대 옆에 인자 엄마가 쓰러져 있었다. 한 번 발작하고 나니 자주 그런 증상이 나타났는데, 그게 간질병이란 걸 그때는 알지 못했다.

그 많이 돋았던 땀띠도 거의 스러지고 아침저녁으로 서늘한 바람이 불어올 무렵이었다. 인자 엄마는 병원으론지 친정으론지 가고 낯선 아주머니가 인자네 방에서 커피를 마셨다. 한낮에는 아직 더웠는데 문을 꼭 닫은 채 나지막한 말소리가 어색하게 이어지다 끊기곤 하였다. 나는 알 수 없는 호기심에 끌려 방문 앞에 다가가 귀를 기울였으나 침묵 사이로 진한 커피 향내만 새어 나왔다.

숨바꼭질에서 술래가 된 날이었다. 숨어 있는 아이들을 찾아서 인자네 부엌에까지 들어갔다. 아무도 없는 부엌 부뚜막에 커피가 한 잔 놓여 있었다. 얼마나 맛보고 싶었던 갈색 물인가. 나도 모르게 사기컵을 들어 홀짝 마시는 순간, 방에서 나오는 아주머니한테 놀라 컵을 떨어뜨리고 말았다.

어머니께 혼이 나면서 생각해 봐도 커피 맛은 모르겠고 깨지던 사금파리 소리만 귀에 쟁쟁하였다. 웬지 억울한 생각에 크게 울며, 술이나 담배가 아닌데 왜 못 먹게 하냐고 어머니께 대들었다. 어머니는 정색을 하고 나무랐다.

"그 쓰겁은 물 좋아하면 팔자가 사나워진다."

"팔자, 그게 뭔데?"

"사람살이……. 더 크면 알게 돼."

못 알아들을 소리였다. 더 이상 묻지 않고 입을 다물었다. 그저 어렴풋이 내가 모르는 어른들의 세계가 있고 커피를 마시면 그걸 빨리 알아버릴 것이라고 짐작했다.

시간이 지나니 인자 엄마가 아닌 아주머니가 인자네 식구들과 한 방에서 생활하는 게 예사로 보였다. 인자네 동생들도 더 이상 엄마를 찾아 울지 않게 되었다. 찬바람이 불던 저녁, 방에서 저녁을 먹고 있을 때였다. 전기 기술자였던 인자 아빠가 달아 놓은 대문 벨이 삐이 울렸다. 늦은 시간에 웬 손님일까 하며 어머니가 나가려는 순간에 후다닥 인자네 아주머니가 우리 방으로 뛰어 들었다.

인자 엄마가 왔다고 했다.

어머니는 아주머니와 부엌으로 나갔다. 부엌에서는 작게 흐느끼는 소리가 간간이 들렸다. 아주머니 얼굴은 우리 집 꽃밭의 달리아꽃을 닮았는데, 우는 소리를 듣고 있으니 비오는 날의 달리아꽃이 생각났다. 그런 연상만 남기고 아주머니는 어디론가 떠났다.

이튿날 인자 엄마는 왜 그랬는지 하얀 한복을 입고 우리 방에 건너왔다. 옷 때문인지 얼굴이 백짓장 같고 흰 코스모스처럼 가냘프게 보였다. 인자 엄마도 아주머니처럼 울었다. 어머니도 따라 울었다. 인자 엄마가 더욱 서럽게 울자 어머니는 눈물을 닦고 나가서 커피를 끓여왔다. 커피 향기가 방안에 가득 퍼졌다. 인자 엄마 등을 다독이는 어머니의 손길이 오래 계속되었다. 그 뒤 인자 엄마는 수면제 과다 복용으로 병원에 있다가 돌아와서도 우리 방에서 커피잔을 두고 오래 앉아 있곤 하였다.

혈연으로 맺어진 가족이 아니어도 우연히 한 울타리에 깃들게 된 사람들은 그렇게 서로의 삶을 껴안고 함께 울고 웃으며 아파했다. 인연이니 이웃 사랑을 앞세우지 않아도 따스한 인정이 살아 있던 시절이었다.

그 시절 어머니 나이를 넘고 보니, 그 때의 어머니를 알고도 남겠다. 조강지처인 인자 엄마와 반대 입장인 여인, 모두를 연민으로 대했던 어머니의 마음을 충분히 이해하겠다. 나는 이제 여자의 삶이란 자신의 의지나 뜻대로 되지 않을 경우가 더 많다는 것을 아는 나이다. 그래서 어머니는 아마도 애꿎은 커피에다 팔자 핑계를 대어본 것이 아닐까.

추억 속의 커피 맛은 혀끝이 아닌 가슴속 깊은 곳에 남아 있다. 커피 향에는 사람 사는 냄새도 함께 저장되어 있는 듯하다. 요즘 들어서 커피 한 모금을 머금으면 진한 향 속에 그 시절 정경이 떠오르고 그 사람들이 무척 보고 싶어진다. 그들도 지난 날 검정 기와집에서 엮었던 삶 한 자락을 가끔씩 커피잔 속에서 떠올릴까. 나도 누구의 커피향 속에 그리움으로 섞여들 수 있을런지…….

내가 버거워하는 인간관계야말로 삶의 과정을 누구와 더불어 겪을 마음의 준비가 안 된 탓일 게다. 희로애락을 받아들일 용기가 부족한 것이라 해도 맞을 것이다.

커피 좋아하면 팔자 사나워진다고 하셨던 어머니는, 내가 글과 씨름할 때면 커피를 끓여 주셨다. 설마 딸의 팔자가 사나워지기를 바라는 것은 아닐 터. 어머니가 끓여 주시는 커피 한 잔을 마시면 막혔던 글이 줄줄 풀려나왔다. 글쓰기란 곧 삶을 담아내야 하는 작업임을 문학에 문외한인 어머니가 벌써 아셨던 모양이었다. 어떻게 아셨을까. 아마 커피를 좋아하셨기 때문이 아닐까?

팔자가 사나워진다 한들 글쓰기를 도와주는 커피라면 나는 오래 즐길 것이다.

윤자명

『월간문학』 수필 등단 (2001년), 경남신문 신춘문예 수필 당선
한국문인협회, 대표에세이문학회 회원
수상 : MBC창작동화대상, 토지문학제 수필부문대상, 대표에세이문학상
저서 : 수필집 『도요속의 꽃』, 동화 『달샘의 훍』, 『숭례문을 지켜라』 등
E-mail : yjm921@hanmail.net

청정심

32

그녀의 자리

바람이 쌀쌀한 날이었다. 외출에서 돌아오는 길에 농협 건물 층계에서 종이상자를 깔고 자는 여인이 눈에 띄었다. 아직은 그리 춥지는 않았지만 시멘트 바닥에서 잠을 자기에는 추운 날씨였다. 집에 돌아와서 스티로폼 한 장과 이불을 가지고 가서 여인을 깨웠다. 여인은 스티로폼은 싫다고 한사코 밀쳐냈다. 할 수 없이 이불만 덮어주고 돌아와 잠을 청했으나 쉬 잠이 오지 않는다.

작년까지만 해도 여인은 깨끗한 옷차림으로 돌미나리를 뜯어다가 버스터미널 앞에서 팔고 어떤 때는 농협 앞에서도 팔았다. 나는 돌미나리가 혈압에도 좋다고 해서 그 여인에게서 사서 겉절이도 해먹고 즙을 내서 남편에게도 주었다. 그런데 지난 봄인가 달라지기 시작했다. 더운 여름에 털모자를 쓰고 다니는가 하면 겨울 점퍼를 입고 땡볕에 앉아 있기도 하였다. 어느 날은 맨발로 히죽거리며 시장통을 누비는 것으로 보아 정상이 아닌 것이 틀림이 없었다. 여인은 자판기 커피를 즐겨 마시고 담배는 늘 입에 물고 다녔다.

밤은 깊었으나 여인 생각으로 좀체 잠이 오지 않는다. 일어나 농협 앞으로 가보니 이불도 덮지 않은 채 움츠리고 자고 있었다. 왜 이불을 안 덮느냐는 물음에 괜찮다고만 했다. 이튿날 아침, 집으로 불러들여 점퍼를 주며 갈아입으라고 했지만 입은 옷 위에 그냥 걸쳤다. 따뜻한 밥과 국을 차려 내주니 게 눈 감추듯 하고 일어섰다. 내일부터 아침은 우리 집에 와서 먹으라고 당부했지만 여인은 부르지 않으면 오지 않았다.

생각이 날 때마다 불러서 밥을 주면 여인은 잘 먹었다는 말과 신경을 쓰게 해서 미안하다는 말을 잊지 않았다. 그리고는 누가 기다리기라도 하는 것처럼 서둘러 밖으로 나가곤 했다.

어느 날 여인의 신상에 대해 지나가듯 물어 보았다. 집은 충주이고 아들 둘에 딸 둘, 남편도 있다고 했다. 아이들 4남매 모두 출가시키고 나왔다는 것이다. 가정이 있는데 왜 나와서 이 고생을 하냐고 했더니 "내가 성격이 지랄이라 집에 박혀있기가 싫어요." 하며 일어섰다. 마음씨가 착해 보이고 경우도 밝고 자존심도 강한 여인인데 무슨 업보가 있기에 저 모양으로 고생을 하는 것인지 그 즈음 나에게는 그 여인이 화두였다.

겨울이 깊어가면서 여인은 병색이 짙어졌다. 깨끗하기만 해도 집으로 데려다 먹이고 재우겠는데 썩은 냄새 때문에 엄두가 나지 않아서 염려만 할 뿐이었다. 어디를 헤매다 오는지 날이 저물면 다리 한 짝을 끌며 어김없이 농협 앞에서 잠자리를 폈다.

기온이 뚝 떨어져 행인들이 어깨를 움츠리고 다니던 날이었다. 날씨가 추우면 어디 가서 얻어먹기도 힘들 것 같아 점심밥을 차려 가지고 농협 앞으로 갔다. 그런데 여인이 어떤 남자와 실랑이를 벌이고 있었다. 나는 짐작으로 여인의 남편이나 자식이 수소문하여 찾아 나선 모양이라고 내심으로는 반가워하며 지켜보고 있었다. 검정색 양복을 입은 남자는 안 가겠다고 몸부림치는 여인을 꼭 끌어안고 건널목을 건너갔다. 여인의 신발이 벗겨졌다. 쟁반을 든 채로 붕어빵 장수에게 물어보니 꽃동네 신부님이라는 것이다. 벗겨진 신발 때문인가 뒤돌아보는 그분은 틀림없는 꽃동네 오웅진 신부님이셨다.

여인은 그렇게 떠나갔다. 나는 멀어져 가는 차를 바라보며 '감사합니다'를 수없이 되뇌고 있었다.

시장통을 누비던 여인이 그렇게 떠나고 나는 새삼 부끄러워지기 시작했다. 냄새나는 것을 꺼려 가까이 하지 않았고 밥을 주면서도 불결해서 일회용 그릇을 썼다. 그러면서도 밥을 주고 옷을 주며 기득권자의 불편한 마음을 스스로 달랬던 것은 아닌가. 남루하고 냄새나는 몸을 끌어안고 가시는 신부님의 모습이 생각날 때마다 나의 가증스러움에 얼굴을 붉혔다. 가까운 사람 하나 진심으로 사랑하지 못하고 짓는 복이라면 무슨 효험이 있을 것인가. 그런 생각으로 뒤채는 밤일수록 신부님의 모습이 거룩한 관세음보살님의 모습으로 현현하는 것이었다.

기다렸다는 듯이 본격적인 추위가 닥쳐왔다. 신부님이 여인을 데려가지 않았다면……. 꽃동네 회원으로 십년이 넘었지만 특별한 관심이 없었다. 그러나 그 일이 있은 후부터는 새로운 느낌으로 꽃동네가 다가온다. 꽃동네가 없었다면 얻어먹을 수조차 없는 사람들이 이 추운 겨울을 어떻게 날 것이며 그런 가족을 둔 사람들의 고통을 누가 대신할 것인가. 여인이 이 겨울, 따뜻한 방에서 따끈한 식사를 하며 깨끗한 옷을 입고 사람 대접받으며 지낼 것을 생각하니 내 마음도 편안하다.

오늘 새벽 산책길에 농협 앞을 지나치다 보니 여인이 종이상자와 신문지를 펴고 지냈던 자리가 말끔하다. 오고 가며 안쓰러움으로 바라보던 그 자리. 그녀가 떠난 빈자리가 허전한 것이 아니라 감사하고 따뜻하게 마음을 채워주고 있다.

청정심

『월간문학』 등단 (2002년)
국제펜클럽 한국본부, 음성문인협회, 대표에세이문학회, 한국문인협회 문학회 회원
수상 : 불교 청소년도서 저작상, 연암문학상 본상
저서 : 수필집 『청향당의 봄』, 『내 마음에 피는 우담바라』 등
E-mail : cjseda@hanmail.net

김윤희

33
햇살 줍는 비둘기

4월 상당공원을 가로질러 갑니다. 꼼지락꼼지락 애순을 피워내며 한창 파르름히 물이 오르고 있는 중입니다. 보도블록에서 경망스럽게 또각거리던 구두굽 소리가 공원에서는 부드러운 흙바닥 속으로 잦아들어 이내 민망함을 면합니다.

잎보다 꽃을 먼저 피워 올린 나무는 하르르 '꽃보라'를 떨어내고 새살 돋듯 푸른 잎이 돋아나고 있습니다. 잎을 먼저 틔운 나무는 팔딱팔딱 맥박 뛰는 소리를 냅니다. 잠에서 깨어나 아침 준비에 분주한 저 여린 잎에 밤새 봄비가 잎 그물로 내려앉았나 봅니다. 맥이 선연해진 잎살에도 또르르 윤기가 돌아 화음을 이룹니다. 여린 잎들의 크고 작은 숨소리가 마치 가슴에 안고 듣던 내 아이의 어릴 적 심장 발딱이는 소리 같아 다소 설레고 평화롭게 들립니다.

공원 군데군데 놓여있는 벤치에는 발목이 덜렁 드러날 만큼 깡동한 햇살을 당겨 덮고 있는 할아버지들이 눈에 띕니다. 그들은 대개 듬성듬성 혼자 앉아 담배연기로 동그라미를 허공에 매달고 있습니다. 그들 발치에는 구구 소리를 잃어버린 비둘기들이 제각각 뒤뚱대며 꺼떡꺼떡 햇살을 줍고 있습니다. 어쩌면 떨어진 꽃 밥을 쪼고 있는 것인지도 모르지만 무심을 그림자로 드리우고 어기적거립니다.

한때는 날렵한 몸매에 자유롭게 고공, 저공비행을 즐기면서 터전을 닦던 새였습니다. 노아의 방주에서 비둘기를 날려 보내본 후에 노아와 그 가족들이 배 밖으로 나왔다는 전설에서처럼 평안과 안식을 상징하는 새이기도 하였습니다. 그래서 사람들의 사랑을 한껏 받으며 관계를 돈독히 맺어 왔습니다. 그 후 오랜 세월 평화의 전령을 구가하며 사람들이 지어준 집에서 먹여주는 대로 먹고 자고 그렇게 도시의 상류생활에 안주하기 시작했습니다. 비둘기 몸은 점점 살져갔고 날갯짓도 가물가물 추억처럼 아스라해져 더 이상 날지 않는 새가 되어버렸습니다.

암수 모두가 분비하는 피존 밀크로 새끼를 키우는 비둘기들은 어느덧 그들 조상 대대로 먹어왔던 풀씨나 곡물보다 무려 30배 이상이나 지방이 많이 들어있는 스낵과 튀김음식 등 사람들이 즐겨먹는 음식물 찌꺼기를 먹어 영양과잉이 되었습니다. 지나친 영양은 왕성한 번식욕을 불러와 한 해에도 네댓 차례씩 번식을 하여 숫자가 기하급수적으로 늘어나고 있다 합니다.

많은 무리 속에 생존본능은 더욱 강해져 닥치는 대로 먹다보니 이제는 아예 모이 주는 곳에 눌러 삽니다. 어쩌면 닭들처럼 가축으로 삼아 키워달라고 띠 두르고 농성을 하며 떼 쓸 날이 올지도 모릅니다. 사람이 가까이 다가가도 고개만 돌려 멀뚱멀뚱 바라보다 겨우 어기적어기적 게걸음을 칩니다.

삶의 목표도 의지도 깡그리 잊은 치매환자가 되어 여기저기 뚱칠입니다. 나무로 번듯하게 집을 지어 예쁘게 색칠까지 해준 제 집은 물론이고 사람들이 사는 건물에도 배설물을 마구 칠해 댑니다. 생활이 부패하면 배설물까지 독성을 더하는지 이 배설물들은 그저 비위생적이고 지저분한 차원을 넘어서 건물을 부식시키고 인체의 폐질환과 뇌수막염까지 일으킨다니 어찌 곱게 보이겠습니까.

"이렇게 된 건 사람들이 우리를 도시에 풀어 방치한 결과이지, 결코 비둘기들 탓이 아니에요."

애물이 된 비둘기가 되똥거리며 할아버지 곁으로 다가가 애처롭게 껄떡껄떡 동의를 구하는 눈치입니다. 사람과 가까이 지내다보니 '잘못되면 조상 탓'이라는 사람들의 속담을 어느 결에 얻어들은 듯, 그들도 모든 것을 남의 탓으로 돌리고 싶은 모양입니다. 할아버지는 맞장구 대신 먼 하늘을 보며 자신의 삶을 거슬러 올라가느라 가물가물한 기억의 끄나풀을 추슬러 세월을 꿥니다. 그러다가도 가끔씩 눈꼬리를 꾹꾹 누르며 짓무른 눈가를 봄볕에 말리기도 합니다.

돌아보면 할아버진들 기막힌 사연이 어디 비둘기만 못하겠습니까?

고령화된 인구가 비둘기 숫자 늘 듯 늘어나고, 노인문제가 사회문제로 대두되고 있는 것이 비둘기들 실정보다 더 심각합니다. 자신들의 젊음을 송두리째 바쳐 일궈온 산업화 문명, 그 병폐를 고스란히 떠안고도 말을 입안에 담아두고 있는 그들입니다. 희뿌옇게 빛바랜 저고리 하나에도 두 어깨가 눌려 있는 노인들이 회색 빛 비둘기와 닮은 듯 다르게, 무관한 듯 닮은 모습으로 그 빛을 벗어나려 이렇게 공원 속을 찾아 들었을 겁니다.

공원의 나무들은 이 모든 걸 보고 듣고, 찾아든 이들의 한숨으로 저문 날에도 밤새 혼신을 다해 잎을 키우고 있습니다. 그렇게 키워낸 잎이 한 해도 채 못 넘기고 떨어져 발밑에 채이게 될 줄을 뻔히 알면서도 해마다 기꺼이 그 일을 되풀이하는 것은 아마도 순명의 지혜를 터득한 때문일 것입니다.

노인들의 주름 같은 나이테를 속살에 문신으로 새기며, 4월을 엮어가는 나무들의 모습을 통해서 자연의 순리를 봅니다. 깡동하던 햇살이 점점 노인의 발목으로 내려와 낮잠에 잠겨듭니다. 조금 떨어진 한쪽에서는 한 무리의 젊은이들이 속속 모여들어 천막을 치고 있습니다. 이마에는 붉은 띠를 두르고 심각한 표정으로 눈길을 주고받습니다. 곧 무언가 일어날 듯 분주한 몸놀림이 성긴 이파리 사이로 출렁입니다.

김윤희

『월간문학』 등단 (2003년), 충북 진천 출생
청주대학교 행정대학원 졸업, 한국문인협회, 충북수필문학회, 대표에세이 문학회, 진천문협 회원, 수상 : 대표에세이문학상, 저서 : 수필집 『순간이 둥지를 틀다』, E-mail : yhk3802@hanmail.net

김현희

34 진주 목걸이

나에게는 아끼는 진주목걸이가 하나 있다. 어머니가 막내딸인 나에게 물려주신 것이다. 비록 상등품은 아니더라도 어느 고가품에 비할 수 없는 특별한 의미가 있는 목걸이다. 그 진주목걸이에는 평생 진주 양식을 집념의 길로 걸어오신 아버지의 땀방울과, 아버지 그늘에서 헌신적인 내조로 몸 바쳐 오신 어머니의 한숨과 눈물도 스며있다. 그래서일까. 어머니나 아버지가 그리울 때면, 예의 그 목걸이를 꺼내 만져보곤 한다.

내가 어렸을 적, 우연한 기회에 아버지는 학교동창인 한 일본인으로부터 진주 양식에 관한 얘기를 듣고, 통영 욕지도에서 처음으로 진주 양식을 시작하셨다. 그 당시 아고야 진주라 불리는 일본 진주의 독점 생산에 도전하신 것이었다.

진주를 '조가비 속에서 탄생의 아픔을 견디며 자라나는 숨 쉬는 보석'이라 한다던가. 우리가 흔히 진주라고 일컫는 양식 진주의 생성은, 민물조개 껍질로 만든 원형의 핵을 진주 모패母貝의 생식소에 삽입하는 시술을 통해 이루어진다. 그 고통스런 자극으로 진주조개는 삽입된 핵 주변에 이물질을 분비하게 된다. 그리하여 핵 표면에 얇은 진주층이 형성되는데, 이 진주층이 여려 겹으로 코팅될수록 아름다운 진주가 되는 것이다. 이것이 바로 진주가 생성되는 아픔이요, 숨 막히는 기다림인 것이다.

아버지의 7년여의 첫 도전은 남해바다의 때 아닌 냉수대 형성으로 진주조개들이 전멸하여 실패로 끝났다. 그 파장으로 우리집도 도심에서 변두리 동네로 밀려나야 했으며, 초등학교 6학년이었던 나도 가난의 아픔을 피부로 느껴야만 했다. 버스로 20여 분인 통학거리를 차비를 아끼기 위해 종종 걸어 다녔고, 때로는 어린 마음에 신발이 닳을까봐 운동화 바닥에 마분지를 대고 고무줄로 묶고 다니기도 했다. 또한 수학여행비를 낼 수 없어, 그 당시 경주로 떠났던 초등학교 수학여행 사진도 내게는 없다.

그러나 무엇보다 나를 힘들게 한 것은, 여중 재학 시 공납금을 제때 내지 못해 조회시간마다 칠판 앞으로 불려나갔을 때이다. 불려나간 인원이 열 명 남짓한 처음엔 그나마 덜했지만, 숫자가 점점 줄어갈 때마다 그 초조함과 초라함은 어린 내가 감당하기에는 참으로 버거웠다. 그래서 나는 잃어버린 자존심을 찾기 위해 공부에 매달렸고, 결국 학급에서 일등을 함으로써 그 상처를 보상받는 듯했으나, 그날의 초라한 모습은 오랫동안 나를 아프게 했다. 하지만 그런 아픈 기억들이 훗날 내가 교사가 되었을 때, 그 또래 여학생들에게 예민한 납부금 부분을 최대한 조심스럽게 다룰 수 있었으니, 아버지의 사업실패로 인해 치렀던 그 몇 년간의 아픔이 나에게는 값진 경험이 된 셈이다.

쓰라린 실패, 그 이후 아버지는 한동안 진주 양식에서 손을 떼기도 하셨으나, 미련을 버리지 못해 한산도로 양식장을 옮겨 재기를 노리셨다.

또한 일본 현지 기술자도 힘들게 영입하는 등 각고의 노력을 기울이셨다. 결국 아버지의 집념은 마침내 한국에서 처음으로 진주알을 캐내는데 성공하셨고, 이것은 일본의 아고야 진주가 해외에서 처음으로 양식되는 사건이기도 했다고 한다.

방학이 되면 우리는 양식장이 있는 한산도에서 거의 보내다시피 했다. 그럴 때 아버지는 집에서 보는 모습과는 사뭇 다른 모습이셨다. 평소 부지런한 성품으로 오직 한 가지 집념만으로 그 길을 가시는 외로운 뒷모습은, 어린 나에게도 '우리 아버지는 참으로 힘든 길을 가시는구나.' 하는 생각으로 마음이 숙연해지기도 했다.

바다 건너로 충무공의 제승당이 보이고 하얀 거북등대가 한가로이 떠 있는 한려수도의 끝자락, 그 바닷가에서 나는 산그늘이 드리워진 짙은 쪽빛 바다를 보며 남다른 감성을 키우기도 했다. 때로는 시술실에서 핵 이식 작업을 구경하기도 했다. 봄에 시술을 거친 진주조개는 본 양성에 들어가기 전, 바구니에 담아 맑고 고요한 바다에서 2~3주간 회복기를 가지게 된다. 그런 후 선별작업을 하여 핵 주변이 일정한 두께를 형성할 때까지, 진주조개 양성용 채롱에 담겨 1~2년 간 바다 깊은 곳에서 아픔을 안고 성장하게 된다.

그러한 일련의 과정을 거쳐 은은하고 신비스러운 빛으로 감싸여진 진주가 탄생되는 것이다. 제 가진 깊이만큼 짙푸른 빛을 내는 바다처럼, 진주 또한 제 가진 아픔만큼 영롱한 빛을 내는 것은 아닐는지. 진주가 이토록 오랜 세월 많은 사람의 사랑을 받게 된 것은 오로지 탄생의 아픔을 견디어낸 결과이리라.

수년 전 부모님의 금혼식을 맞이하여 우리 5남매는 두 분을 모시고 월악산 자락으로 여행을 떠났다. 그날 저녁, 약주를 한 잔 하신 아버지는 나름대로 제 몫을 하는 장성한 자식들을 보며 감회에 젖으셨는지 그 좋은 자리에서 결국 눈물을 보이셨다. 그리고 말씀하셨다. 우리에게 미안하다고. 그리고 고맙다고. 그때 우리들은 흐르는 눈물을 굳이 외면하지 않았다. 그때 나는 보았다. 아버지의 눈물 한 방울 한 방울 속에 어렸던 그리 녹록치 않았던 세월, 그것은 진주眞珠의 눈물이었다.

얼마 후 아버지는 희수의 연세로 먼 길을 떠나셨고, 다음해 어머니가 조용히 아버지 곁으로 가셨다. 그렇게 두 분이 떠나신 후, 나는 어머니의 진주목걸이를 물려받게 되었다. 아버지가 살아오신 그 땀방울의 흔적이 어머니의 유품이 되어 내게로 되돌아온 것이다. 자식들 중 유일하게 진주목걸이가 없는 내가 마음에 걸리신 걸까. 그리고 편편치 않던 이제와는 달리 나도 목걸이 하나쯤 가지고 싶다는 욕심이 드는 건, 부모님의 숨결을 가까이 느끼고 싶기 때문이었을까.

삼우제를 마치고 집으로 돌아오던 그날 저녁, 돌아오는 비행기 안에서 문득 목걸이를 한 번 만져보고 싶어졌다. 조심스럽게 만져 보았다. 동그란 진주 구슬에 어머니의 고왔던 얼굴이 얼비쳤다. 언뜻 보면 진주알이 크고 매끈한 것이었지만, 자세히 보면 한두 군데 흠집이 있는 목걸이였다. 왜일까. 그 많은 상등품 중에서 하필이면 흠집이 있는 이 목걸이를 고르셨을까.

바로 어머니의 깊은 마음이었다. 아버지의 사업과 자식들을 위해 하나라도 더 양보하려는 그 깊은 마음이었다. 순간 목걸이를 만지던 손등에 눈물이 떨어졌다. 옆자리의 오빠도 고개를 떨구었다. 그래서일까. 상처가 있는 이 목걸이야말로 인고의 세월을 묵묵히 견뎌온 부모님의 삶이 함께 일군 역사이기에, 나는 이 목걸이가 더더욱 정이 간다. 그리고 자랑스럽기도 하다. 언젠가 먼 훗날 딸아이에게도, 나의 어머니가 나에게 그러셨던 것처럼 그 깊은 뜻과 함께 물려주리라.

어머니 떠나신 지 어언 3년, 얼마 있으면 어머니의 기일이다. 그날엔 그 진주목걸이를 목에 걸고 어머니를 뵈러 가야겠다. 딸아이의 손을 잡고.

김현희

『월간문학』 등단 (2004년)
부산대학교 졸업, 박물관대학 수료, 한국문인협회 회원, 한국수필가협회 편집위원, 대표에세이문학회 회원
수상 : 대표에세이문학상
저서 : 수필집 『진주목걸이』
E-mail : hyun103@hanmail.net

박희경(경희)

35

소년과 운동화

3월이지만 음력으로는 2월이라 이른 봄날이다. 함박눈이 내리는가 하더니 어느새 진눈깨비로 변한다. 겨울과 봄, 두 계절이 자리다툼이라도 하듯, 진눈깨비는 순간 비로 변하는가 하더니 다시 싸락눈이다. 변덕도 순식간이다. 토요일 오후의 날씨로 봐서는 주일도 맑은 날씨를 기대하긴 틀렸다. 겨울을 싫어하는 가장 큰 이유는 눈길에 나서면, 걸음마를 시작하는 아기보다, 아니 달팽이보다 더 느린 걸음이니 일행이라도 있으면 양쪽에서 팔을 잡아채어 아예 끌려가는 모양새가 된다. 육교를 오르는 계단은 더 난감하다. 난간을 부여잡고 오르는데 나이 어린 소년이 진눈깨비와 싸락눈과 비에, 벗은 발을 드러내고 육교 중간에 무릎을 꿇고 앉아있다. 바람에 펄럭이는 옷은 허수아비에 옷을 걸쳐 놓은 것 같다. 누런 콧물이 입언저리에 닿자 그저 손등으로 쓱 문지른다. 슬쩍 바라보니 콧물을 닦아내는 손등이 어린아이의 손이라고는 볼 수 없고 물질에 턱턱 갈라진 할머니의 거친 손등처럼 보인다. 그냥 지나치려는 나를 등 뒤에서 누군가 부르는 듯하여 멈추어 뒤돌아보니 소년이 멍한 눈으로 나를 바라본다.

"얘! 너 왜 그러고 있어? 춥지 않아? 일어나! 신발이 새니?"

소년은 그저 나를 한번 힐끔 쳐다본 후, 질퍽거리는 바닥에 앉아 꼼짝을 하지 않는다. 온몸이 동상이라도 걸릴 것 같다. 아니 어쩌면 벌써 걸렸는지도 모를 일이다. 육교 위라 바람이 몰아치면 뺨이라도 베어갈 듯 매섭다. 소년의 팔을 잡아당기며 일으키려 하지만 여전히 꼼짝을 하지 않는다.

"얘, 누나가 운동화 하나 사줄게, 신발이 새면 바꾸자, 너무 춥구나."

소년을 바라보는 내가 더 춥고 발이 시리다.

재차 팔을 잡아끌자 소년은 눈빛으로 무어라 말을 하듯 한다. 그러나 알아들을 수가 없다. 운동화 살 돈은 없지만, 단골인 신발가게를 찾아가면 분명히 외상으로 주리라고 확신하기에 소년을 다시 일으키려고 했다.

고등학교 시절에 구멍 난 운동화를 오래도록 신었다. 누가 시키기나 했을까. 지레짐작으로 어머니의 넉넉하지 못함을 앞서 생각하여 운동화 사달라는 말을 못했다. 눈이나 비가 내리면 양말이 몽땅 젖어들어 진종일 마음조차 비에 흠씬 젖어 우울한 시간을 몇 번이나 보냈는지 모른다. 벌렁거리는 밑창이 떨어져 나가지 않도록 조심하며 들어간 신발가게 아주머니는 운동화보다 예쁜 케미슈즈를 내어주며 신어보라고 했다. 주춤거리는 내게 운동화보다 값도 저렴하고 신다가 터지면 반품이나 교환도 되니 걱정하지 말고 오라고 했다.

아주머니의 말이 정말인 줄 알았다.

-남의 말을 그대로 믿는 것은 지금도 여전하다. 그래서 더러 곤혹스러울

때도 있고 큰 낭패함에 빠질 때도 있다. 아마도 고칠 수 없는 성격 같다.-

나는 조금이라도 케미슈즈가 터지면 아주머니 가게로 가서 반들거리는 새 케미슈즈로 교환하고는 했다. 그 후 구멍 난 운동화 대신 졸업하는 날까지 반짝거리는 슈즈를 신었다. 어머니께 아주머니의 자랑까지 하며 춥거나 비라도 내리면 망설임 없이 아주머니 가게에 들렀다. 아주머니의 속내를 알게 되었을 무렵, 나는 좋은 직장에 다니고 우리 가족은 아주머니 신발가게의 단골이 되어있었다.

"어서 가자, 누나가 좋은 운동화 하나 사줄게."

꿈쩍도 않는 소년의 팔을 잡아 일으키려는데 누군가 내 어깨를 툭툭 친다. 돌아보니 검은 가죽 잠바에 어깨가 떡 벌어진 험상궂은 청년이 껌을 질겅질겅 씹으며 나를 바라본다. 무서움이 밀려든다. 속내를 들키면 안 될 것 같아 당당하게 아는 아이냐고 물었다.

"왜, 그러슈? 그냥 가던 길이나 가슈, 참견 말고."

검은 장갑 낀 두 손을 깍지 꼈다가 뺐다가 하는 모습이 그대로 있다가는 한 대 칠 기세다. 두둑, 뼈마디 소리를 일부러 내가며 나를 훑어본다. 순간 전기에 감전이라도 당한 듯 소년의 팔을 놓았다. 감정이라곤 없던 소년의 눈에도 두려움이 가득하다. 뒤를 돌아볼 엄두도, 소년을 위해 무어라 말도 못하고 잰걸음으로 육교를 건넜다. 소년에게 향했던 마음도 사라졌다.

내 행동이 얼마나 용기가 없었는지, 젖은 육교 계단에 앉아 무어라 말할 듯 하던 소년의 눈빛이 이른 봄날 눈이라도 내려오면 가슴이 아릿아릿하며 여지없이 나를 바라본다. 입술을 실룩이던 소년. 무슨 말을 하고

자 했을까. 세월이 흘러 내가 노년기에 들어서도, 내 살아있는 동안 늘, 겨울이 지나는 길모퉁이에서 소년은 벌겋게 얼은 발을 내게 보이며 겁먹은 시선으로 가슴이 시리도록 나를 바라볼 것 같다. 그 애가 만약 내 친동생이었어도 그렇게 도망치듯 했을까?

박희경

『월간문학』 수필 등단 (2005년), 『월간문학세계』 동화 신인문학상 (2012년), 한국문인협회, 과천문인협회, 과천수필수수회 회원, 의왕도서관 근무
저서 : 공저 『마흔다섯 개의 느낌표』, 『달 속의 달』, 『버팀목 아홉』, 『여유 있는 삶』 등
E-mail : bluesealove1112@hanmail.net

옥치부

36 누님의 텃밭

'놓쳐버린 기차가 더 아름답다'고 했던가? 패러독스의 극치다. 다시는 되돌릴 수 없는 것이기에 차라리 모순어법으로 미화한 말이 아닐까.

노년세대는 미래로 가는 차표를 갖고 있지 않기에 지난날에 집착하고 반추하며 살아가기 마련이다. 이미 가버린 날을 그렇게 수용하며 일종의 만족감을 누리는 자위적 기제이다.

이를 테면 지난날에 재물을 모았다면, 그것으로 호의호식할 것이고, 지위가 높았다면 노령일지라도 그 후광으로 떵떵거릴 게다. 설사 신산辛酸한 삶을 살았을지라도 상처를 핥으며 인생무상이나 업연에 젖어듦도 어쩌면 아름다움으로 치환하려는 몸부림일 게다. 노년기에 기억의 재생조차 가능하지 않다면, 얼마나 삶이 무료하고 삭막하겠는가.

시간의 흐름을 거슬러 소년 시절이나 전생으로 회귀한다는 것은 불가능하다. 그러나 가상현실에 드는 것으로 그 시공은 오래 머물 수도 있고, 곧 벗어날 수도 있는 자유자재의 사유세계이다. 백일몽이 아닌 번뇌의 피난처이기에 안온하다.

고향을 찾는 발걸음도 파편화 된 옛날을 복원하려는 잠재의식이 깔린 환상여행처럼 그리움과 애틋함에 휘감겨 눈물겹다. 사라지고 달라진 것들에서도 옛 모습이 되살아나고 실제처럼 느껴질수록 고향은 가까이 다가온다.

제기차기 하던 고샅길, 홍시 하나만 남은 감나무 꼭대기에 앉은 산새, 사각모를 쓰고 휘파람 불던 바닷가와 저쪽 해안으로 가는 발동선, 그리고 무시로 일어나던 바다안개며, 해조음, 비오는 날 모정방에서 내기화투로 달래던 무료함이나 후줄근히 젖던 동산의 두엄더미 삭는 냄새, 이름은 생각나지 않아도 복스럽게 웃던 하얀 얼굴에 곱게 빗은 양 갈래묶음머리의 정미소집 딸……. 추억의 앵글을 바꿀 적마다 갖가지 영상들이 재현된다.

고향에는 자주 가지 못해 나의 기억에 각인된 영상들이 바래질까봐 아쉬울 때가 많다. 만고 앵산鶯山 아랫마을에는 나의 유년이 차곡차곡 접혀 있지만 늘 생각의 저편에 있어 가슴 아리다. 내가 날려버린 방패연은 아직도 당산나무에 걸린 채 연샛골 계곡 바람에 흔들리며 나를 기다릴 것 같은 착각에 빠진다.

저만큼 유채꽃을 배경으로 함박웃음을 머금은 누님의 모습이 나타난다. 나의 환상여행이 곧 바로 현실로 전환되어 버린다. 임진왜란 때 통한의 접전지였던, 물안개가 보이고 칠천도를 잇는 연륙교가 그림처럼 다가온다. 아까부터 누님이 밭머리에서 나를 기다리고 있었던 것이다. 올해 여든을 넘긴 유일한 동기同氣이다. 모시올 타래처럼 흰머리와 주름살이 깊어가건만 내게는 어릴 적에 본 누님의 모습으로 비쳐진다.

"너가 꼭 올 줄 알고 아침나절부터 신작로만 바라보았단다."

"연락 미리 드릴 걸 그랬네요, 가만 집에 계시지 않고……."

누님은 향사享祀가 있는 날을 손꼽으면서 나를 기다렸을 것이다. 지나가는 자동차마다 멈추나 하고 살피느라 호미질도 쉬었을 것이다. 백발노파의 쇠잔한 모습에 젊은 날의 곱디고운 모습이 겹쳐져 눈시울이 시큰해진다.

바람이 불거나 가랑비가 내려도 사시사철 밭에서 마치 망부석인 양 소견消遣세월 하는 누님의 속내를 내가 어찌 알랴. 자녀들이 장성해 대처에 나가 자리를 다 잡고 잘 살기에 얼마든지 호강할 수도 있다. 황토방에 가고 노인대학에서 장구도 치고 일일관광도 갈 형편인데 주야장천 밭머리에서 떠날 줄을 모른다.

"돈도 안 되는 이런 밭농사 짓는다고 더 빨리 늙겠습니다. 무슨 재미가 납니까?"

누님의 비위를 거스르는 줄도 모르고 괜히 말을 걸어 본다.

"그런 말 말아. 밭이 내 놀이터이고 공부방이다. 어렸을 적 어머니 따라 여기 와서 그 때 묻어 놓은 공기돌도 찾고 보물도 찾는단다. 쑥도 보물이고 달롱개도 보물이고 자갈도 내한테는 다 보물이다."

누님이 밭에 사는 이유를 의아해 하는 나에게 너무 명쾌하고 진지한 대답이었다. 놀이 삼아 한다지만 전혀 경제성 없는 노역을 딱하게 여겨왔던 것이다. 그러나 누님의 계산법은 달랐다. 도시인의 야박하고 실리적인 관념으로는 이해되지 않는 누님은 무 계산이 삶의 방식이었다.

"고달픈 인생살이의 그 한을 지금 누가 들어 주겠노? 밭은 알아준다. 속에 부아가 끓으면 아리랑 부르며 호미질 하고 그러면 맺힌 응어리도 풀리고 숨길도 낫다. 그러니 밭에서 살제."

그저 예전의 것을 버리지 못하는 노인들의 습성이거니 했던 나의 고착관념이 무너지는 계기였다. 지금껏 누님께서 건강하게 살아가는 비법이고 한풀이이기도 했던 것이다.

밭에서 누님이 하루해를 보낸다는 게 이제는 얼마나 다행인지 모른다. 이 밭은 아버지의 유산으로 내 소유였는데 부산으로 솔가率家하면서 누님의 밭이 되었고, 누님은 딸에게 넘겼으나, 딸이 경작하지 않으니 역시 누님이 지키며 가꾸어 온 것이다. 세전옥답이 3대에 이르고, 누님의 유일한 삶터가 된 질긴 인연이 아니겠는가. 다른 사람에게 소유권이 넘어가지 않은 게 그럴 수없이 다행한 것은 밭머리에 붙박이 그림처럼 살아가는 모습에서 어머님의 모습도 선명히 보게 되어서다.

어머님께서 그 밭에다 재배해 짠 모시는 한산모시 못지않은 고품질이었다. 또 목화씨를 심어 설원 같은 목화밭 풍경이 꿈결 같기도 하다.

씨아 돌리고 물레 돌리고 고치 만들어 실 잣고 열두 새 무명을 짜는 등길쌈으로 동지섣달 긴긴 밤을 뜬 눈으로 보내던 모정이 파노라마로 펼쳐지며 새삼 눈물겹게 한다.

그 밭은 모녀 간의 정과 정신이 이어지고 숨 쉬고 있는 거룩한 땅이다. 거기에서 지금도 호미질 하는 누님은 지하의 어머님과 대화를 나누고 있을 것이다. 연전에 이승을 하직한 나의 큰 누님도 만나 두텁던 자매애를, 아직도 못다한 그 정을 나누고 있을 것이다.

밭에 나가면 사는 맛이 절로 나고 기운이 펄펄 솟는다는 누님의 말씀이 결코 과장은 아니다. 땅심이라는 게 다른 게 아니다. 곡식만 자리게 하는 것이 아니라, 철마다 종류를 달리하여 싹을 틔우고 열매를 맺게 하는 생명의 영속성을 땅은 감당하는 것이다.

또한 누님의 땅은 옛날과 현재를, 금생과 내생을 잇는 통로이다. 누님은 호미를 붓 삼아 땅에 생각을 쓰고 어머님은 그 생각을 낱낱이 짚어 읽으면서 누님의 설움을 들어주고, 행복하라고 힘을 주시는 것이다.

연세가 많아 누님께서 밭에서 지낼 일도 많지 않으나 어머님께 드릴 말씀은 많고도 많아 땅은 더욱 기름지고 작물들이 잘 자랄 것으로 여겨진다. 누님이 혈육들에게 심어 놓은 생각들이 더러는 흙바람에 날리고 빗물에 씻겨가도 알맹이는 이랑마다 고스란히 묻혀 있고 또 누군가가 캐낼 것이다.

고향집 누님의 밭이 자주 떠오르는 까닭을 이제사 알게 된 것 같아 미소가 흐른다. 다가오는 청명 날에는 그 밭머리에 서고 싶다. 누님도 뵙고, 어머님도 뵙고, 잃어버린 나의 옛날도 찾아질 것 같아서이다.

옥치부

『월간문학』 수필 등단 (2005년)
동아대학 법률학부 졸업, (사)대한한약협회 100년사 편찬위원회 부위원장, 한국문인협회 회원, 부산동인회 회장, 공보당한약방 대표
저서 : 수필집『내 마음의 요람』,『누님의 텃밭』
E-mail : kbd0247@hanmail.net

우선정

37
차 한 잔 하실래요?

무서리가 하얗다.

군고구마의 속살 같은 햇살이 몰려들어 창가가 훤하다. 쌉쌀한 향기가 도도하게 오르더니 창가를 흐려놓는다. 무심히 써 보는 이름, 손끝이 시리다.

밀봉했던 감국차를 달포 만에 열었다.

해를 넘긴 건초처럼 뭉근한 풀냄새로 존재를 알리더니, 서서히 제 모습을 풀어놓는다. 첫서리 맞은 그 꽃이 좋다고 해서, 손끝을 비비며 따 모았다. 수많은 꽃들이 더운 김에 무참히 데쳐지고 샛노란 형상은 온데간데없다. 만지면 찔릴 듯, 독하게 말려 자작하게 꿀을 부었다. 메마른 감정은 질펀한 점성 속에서 숙성의 꽃을 피워 달콤한 뒷맛을 허락한다.

꽃차를 처음 대했을 때, 향기나 맛을 제대로 음미하지 못한 채 잔을 물렸다.

찻잔에 동그마니 떠 있는 꽃봉오리를 보자, 왠지 마음이 편치 않았다. 사창가 유리창 속의 얼굴이 떠올랐기 때문이다. 생명이 있는 것을 채취하고 덖는 과정을 거쳐 차를 마시는 일은 흔하다. 그러나 같은 과정을 거치는 꽃차 종류는 왜 마시기가 거북한 것인지.

찻물을 부으니 꽃잎이 일제히 동동 떠오른다.

데치고 말리는 과정에서 제 모습을 잃었던 국화가 기지개를 켠다. 맑은 잔에 화사한 꽃밭이 가득하다. 서늘했던 시월의 노래가 들리고 빈들의 낙엽 태우는 냄새가 섞인다. 성긴 바람은 묵연한데, 올망졸망한 꽃봉오리가 잔망스럽다고 여겼었다. 사위어가는 들판에서 혼자 색깔을 지닐 수 있는 것은, 낭창낭창한 웃음이 벌어들인 힘이었을 것인데.

감국이 한창 피었던 그 들판의 외길로 중풍 걸린 지어미를 수레에 싣고, 늙은 남자가 서늘한 등을 보이며 지나갔다. 싸늘한 바람결에 따스함이 보이다가 어느새 뒷모습을 보자 측은지심이 발동했다. 위로도 아니고 힐난도 할 수 없을 땐 차라리 이런 모습이어야 한다고 감국은 가르쳤다.

어느새 꽃잎들은 제 몸의 진액을 다 빼주고는 찻잔 바닥에 주저앉았다.

모두 내어주고 비운 모습이 맑고 편안하다. 해사한 찻물에 다정한 이름들이 어린다. 쌉쌀한 향기 한 모금 넘겨서 부르지 못한 이름을 적셔본다.

처음부터 단맛을 주는 건 감국차의 성정에 맞지 않는다.

쌉쌀한 향기로 으름장을 놓고 시치미를 뚝 떼고 있다. 마시기를 포기할까싶으면 꿀맛으로 유혹을 한다. 얼떨결에 한 모금 들이키면, 첫서리 맞은 배짱이라고 알알함을 전한다. 두세 번 마시고서야, 가을의 마지막 햇살까지 살라먹은 기운이 깊은 단맛으로 전해져 온다.

빈 들판의 공허한 바람들을 그러모아 알토란같은 단맛을 내주는 것이 감국차의 본성일 것이다. 지천명의 향기를 오롯이 내어줄 수 있다면 못할 것 없다는 듯, 참말로 옹근 멋이다.

도도한 향기 끝에 너그럽게 머무는 시선, 그런 사람과 차 한 잔 마시고 싶다.

우선정

『월간문학』 등단 (2006년)
한국문인협회, 파주문인협회, 대표에세이문학회 회원
저서 : 공저 『결혼 닻, 또는 덫』, 『마흔다섯 개의 느낌표』 등 다수
E-mail : sjwoo0314@hanmail.net

김상환(동백)

38

미운 털 고운 털

면도하는 일로부터 하루를 시작한다. 이는 내 모습을 찾는 일이며 나를 다듬는 일이기도 하다. 수염이나 코털이 삐죽삐죽 나와 있는 모습을 좋아할 사람은 없을 것이다. 무엇보다 외모의 중심은 머리 모양이라 할 수 있다. 그래서 외출하기 위해 거울 앞에서면 대부분 머리 모양부터 본다. 그런데 나이가 들어갈수록 필요한 머리는 자꾸 빠지고 필요 없는 수염은 수없이 솟아나 빨리 자라기까지 한다.

지금까지는 내 몸에 나있는 털들을 하찮게 여겨 왔다. 이제 그 역할과 기능을 알고 보니 참으로 소중하다는 생각이 든다. 우리 몸은 손바닥과 발바닥을 제외하고 전신이 수없이 많은 털로 덮여있다. 그것도 꼭 필요한 부위에 역할과 기능에 따라 모양과 크기가 각각 다르다.

털의 가장 중요한 역할은 체온을 조절해주고 직접적인 마찰로부터 피부를 보호해 주는 일이다. 특히 머리카락은 머리를 보호해주는 갑옷과 같다. 또 눈썹은 이물질의 침투를 막아주고 강한 빛의 반사로부터 그늘을 만들어 주기까지 한다. 그중에서 수염처럼 필요 없는 곳에 솟아있는 것들은 미운털이 되어 깎이거나 뽑혀나간다. 하지만 만약 머리카락처럼 많이 있어야할 곳에 없다는 것을 상상하면 작은 털 하나도 하찮게 생각할 수가 없다.

샴푸 광고를 보면 바람에 휘날리는 풍성한 머릿결에서 젊음과 아름다움이 출렁인다. 그런데 만약 그 미인에게 머리카락이 없다고 상상해보면, 더 이상의 미적요소에 대한 설명이 필요 없을 것이다.

머리숱이 많은 사람은 대머리의 애환을 모른다. 머리를 감거나 빗질을 할 때 빠지는 머리카락을 보면 피가 빠져나가는 것 같다. 그래서 날마다 머리 손질하는 일이 여간 조심스럽지가 않다. 오죽하면 어느 여류작가가 자신의 탈모에 관한 글에서 '머리카락 하나에 눈물 한 방울'이라고 표현했겠는가.

그런데 요즈음은 경기침체와 실업률 증가로 20대에도 머리가 빠지기 시작하는 탈모 환자가 천만 명이 넘는다고 한다. 나 또한 성격이 예민하고 머리를 많이 쓰는 직업 탓인지 탈모 때문에 불편을 느끼고 있다. 심한 대머리는 아니지만 내 나이보다 좀 더 많아 보인다.

어느 날 가족들과 함께 버스를 타고 가는데, 내 또래의 신사가 나에게 자리를 양보했다. 나는 몹시 멋쩍어서 사양했지만 신사는 자리를 피해 멀리 옮겨가버렸다. 옆에서 그 광경을 지켜보고 있던 아내는 재미있다는 듯이 웃었고, 딸은 매우 못마땅한 표정을 지으며 "아빠 제가 돈 드릴 테니 가발 꼭 맞추세요."라고 했다.

다음 날 나는 아내와 딸의 성화에 못 이겨 인기탤런트가 광고모델로 나오는 가발 전문 업체를 방문하여 맞추었다. 그러나 불편하다는 핑계로 자주 사용하지 않는다. 가발을 쓰고 있으면 나 자신을 잃어버린 것 같고 어색하다. 뿐만 아니라 비라도 내리는 날이면 옷이 젖는 것보다 머리 걱정부터 하게 된다. 더욱이 바람이라도 심하게 부는 날이면 가발이 훌렁 벗겨져 날아가 버릴까봐 마음을 졸인다. 이러한 여러 가지 이유를 들어가며 나는 가급적 사용을 하지 않는다. 그때마다 아내는 요즘은 머리숱이 많은 사람들도 모자를 쓰듯이 패션 가발을 사용한다며 자주 사용할 것을 권한다. 또 여자들이 화장하는 일보다 가발 착용하는 일이 더 쉽고 간단하다는 논리로 나를 설득한다.

아내는 남들이 나를 나이 많은 사람으로 보는 것이 싫은지, 외출할 때마다 하던 일을 멈추고 달려와 정성껏 씌워준다. 그런데 가발이라고 하면, 가면假面과 같은 것을 연상하게 되고 뭔가 나쁜 뜻으로 남을 속이고 있는 것 같은 느낌을 준다. 때문에 우리 집에서는 가발이라는 말 대신 '털모자' 또는 '패션머리'라고 한다.

이처럼 우리 몸에 나있는 작은 털 하나하나가 외모를 바꿔놓기도 하고, 바뀐 외모 때문에 일생이 바뀌는 경우까지 있다. 그래서 어떤 사람은 모발이식을 통하여 미운 털을 고운 털로 둔갑시키기도 하고, 더욱 멋있고 아름다운 털로 다듬기 위하여 이발관이나 미장원을 찾는다.

그런데 머리 모양이나 수염에 대한 미적 개념도 시대 상황에 따라 달라지고 있다. 조선시대 사람들은 머리카락도 부모가 준 신체의 일부라고 하여 작은 털 하나도 함부로 훼손할 수 없다고 깎지 않았다. 당시 수염은 권위와 위엄의 상징이었고, 곱슬머리나 노랑머리는 놀림감의 대상이었다. 그렇지만 요즘에 와서는 수염은 깎아버리고, 머리는 미용실에서 비싼 돈을 주고 일부러 곱슬머리와 노랑머리로 만든다.

생각해보면 사람의 일생도 이와 비슷하다. 태어나는 시대와 장소에 따라, 털털거리는 삶을 살아가기도 하고 떵떵거리고 살아가는 인생이 되기도 한다. 또 자기 적성에 맞는 분야에 머물면 잠재능력을 발휘하게 되고 성공한 삶을 살아갈 수 있게 된다. 그러나 많은 사람들이 자기에게 꼭 알맞은 자리를 찾지 못하여 평생 동안 인정받지 못하고, 필요이상의 고생을 하며 한恨을 안고 살다 가는 경우가 많다. 어쩌면 태어난 환경에 따라 절반의 운명이 결정되고, 머무는 장소에 따라 나머지 절반의 운명이 결정되는 것이라고 말할 수 있다.

알고 보면 이 세상에 어느 것 하나 소중하지 않고 귀하지 않는 것이 없다. 그렇지만 꼭 있어야 할 곳에 알맞은 모습으로 있어야 한다는 전제조건이 붙는다. 있을 곳에 있으면 그것이 곧 꽃이요 천국을 이룬다.

내가 가발을 쓰고 나가면 내 나이보다 더 젊어 보인다고 한다. 이처럼 머리털이 부족하여 보기 흉한 외모는 여러 가지 수단과 방법으로 얼마든지 가릴 수가 있다. 하지만 내가 잘못 살아온 흔적은 그 무엇으로도 가릴 수가 없다. 특히 눈에 보이는 미운 털보다 마음 속에 박힌 미운 털이 되지 않기가 더 어렵다. 그러므로 날마다 수염을 깎듯이 나를 다듬는 일을 게을리 해서는 안 된다고 스스로 다짐하게 된다.

김상환

『월간문학』 수필 등단 (2006년), 『월간문학공간』 시조부문 신인상
한국문인협회, 대표에세이문학회 회원
수상 : 샘터사 샘터상, 타고르문학상, 브레이크 뉴스 문학예술상, 여성문예원 공모전 입상, 대표에세이 문학상
저서 : 수필집 『쉼표는 느낌표를 부른다』
E-mail : ksshh47@hanmail.net

곽은영

39

빈 자리

"잘 따라갈 수 있겠지?"

그때, 전 사실 너무 떨렸습니다. 쿵쾅쿵쾅 뛰는 심장 덩어리를 꽉 움켜잡고 동네 아주머니를 졸졸 따라 나섰지요. 아주머니가 큰 철문 앞에서 무어라 말씀을 하셨는데 귓구멍에 바위가 들어앉았나 봅니다. 그저 가슴에 하얀 손수건을 옷핀으로 달고, 고개만 끄덕끄덕할 뿐 아무 기억이 안 납니다.

뿌연 흙먼지가 바람에 날리는 그곳엔 어찌나 사람들이 많은지……. 웃고 떠들고 소리치는 통에 전 백치아다다가 되어 버렸습니다. 그 순간 말입니다.

"아가, 내 아가! 겁먹지 말고 1학년 22반을 찾아가렴. 저기 맨 앞에 서 있는 선생님에게 가서 여쭈어 보렴. 응? 아가, 어서!"

아, 누군가 갑자기 제 등을 떠미는 것 같았습니다. 저도 모르게 어느 선생님 앞에 서버렸지요. 그리고 가늘게 떨리는 목소리로 겨우 물었습니다.

"넌 어머니랑 같이 안 왔니? 너, 고아야?"

또르르. 무슨 죄인도 아닌데 왜 그리 뜨끈뜨끈한 구슬들이 왈칵 흘러내리는지 모르겠습니다.

"전 어머니가 안 계세요. 하늘나라에 계세요. 아버지가 오늘 동네 아주머니를 따라서 입학식에 다녀오랬어요. 전 고아 아닌데요."

화끈 달아올랐던 얼굴을 지금도 또렷하게 기억합니다.

그 뒤, 학교에서 '엄마 없는 애'라는 소리를 다신 듣고 싶지 않았습니다. 오히려 '엄마도 없는데 어쩌면 저리 공부도 잘 할까'라는 칭찬 한 마디에 더 매달리고 싶었어요. 누구보다도 열심히 책을 들여다보고 밝게 웃으려고 애를 썼습니다. 그 길만이 하늘나라에 있는 어머니를 기쁘게 해 드리는 거라고 믿었어요. 또 스스로 나를 지키는 든든한 울타리라고 생각했습니다. 적어도 반장을 얕보는 아이는 없었으니까요.

하지만 한 송이 장미도 그 잘난 가시가 있다 한들 무슨 소용이겠습니까? 가위질 한 번에 뚝 꺾일 수도 있는데 말입니다. 소소한 바람 한 올 지나가도 이슬 한 톨 떨어져도, 꽃잎을 찢어놓고 잎사귀를 흔들고 갈 수도 있는데 말입니다. 소풍날, 엄마가 싸 준 김밥이 최고라는 친구의 말에도 자국은 남았고, 엄마 얼굴 그리기 시간에도 멍울은 만들어졌습니다. 첫 생리를 하던 날, 아무도 모르게 유서를 써 놓고 학교로 향하는 아침은 정말 숨이 막혔습니다. 갑자기 시뻘건 피를 철철 흘리며 길바닥에 쓰러져 죽을지도 모른다고 생각했거든요.

결국 더 단단한 담장을 만들어야겠다고 다짐했습니다. 어차피 어머니가 없다는 현실은 달라질 수 없는 운명이라고 생각했습니다. 옆을 봐도 뒤를 봐도 내 그림자일 뿐, 갑자기 머리에 뿔이 났습니다. 왜 나에게 이런 끔찍한 굴레를 씌운 건지 억울하기까지 했습니다.

"다 엄마 탓이야! 바보같이 살다 간 엄마 탓이라고. 왜 남들처럼 보란 듯이 키워주지도 못하고 혼자 훌쩍 가버린 거야? 응? 이 세상에서 제일 못난 바보야, 엄마는!"

그렇게 '어머니'란 이름은 마치 적군의 이름처럼 소녀의 뇌세포 속에서 이글이글 굴러다녔습니다. 대학생이 된 하루하루는 그야말로 25시였습니다. 강의실로 아르바이트 일터로 말입니다. 갑자기 집안 사정이 기울어지면서 학비와 생활비를 모두 벌어야 했기 때문입니다. 남들이 낭만적인 캠퍼스 생활을 누릴 때, 전 점심을 굶으면서까지 돈을 모아야 했으니 말이지요. 차츰 '어머니'란 이름은 자잘한 건망증 조각처럼 나뒹굴고 말더군요.

빛나는 학사모를 쓴 뒤 바로 직장 생활에 접어든 하루하루는 더 정신이 없었습니다. 치열한 경쟁 사회 속에서 정말 숨 쉬는 공기마저 맛이 달랐습니다. 서류더미에 묻혀 살다 보니, 어느덧 회사 내에서 왕언니란 소리를 들을 정도가 되었나봅니다.

그러던 어느 날이었습니다. 직장 동료가 쓱 내민 건 청첩장이었습니다.

"나, 이제 위대한 엄마가 되려고 해."

자신의 배를 톡 치면서 살짝 웃는 얼굴 앞에서 잠시 멍했던 여자. 그 얼굴을 마주 보면서 전 눈동자를 크게 떴다 일그러뜨렸습니다. 누구나 흔하게 결혼을 하고 엄마가 되는 것이 도대체 무슨 매력이 있는 건지 알 수 없었습니다. 그것도 이렇게 좋은 직장을 버리면서까지 말입니다. 아줌마가 된다는 것, 한물간 유행 쪼가리 정도로 보이는데 말입니다. 그냥 평범하고, 아니, 구닥다리 같은 그 이름이 뭐가 좋다고 저리 헤벌레 웃는지, 나야말로 결코 결혼 따위는 하지 않겠다고 속으로 아마 천 번은 더 말했나 봅니다. 행여 한다 해도 엄마는 절대 되지 않을 거라고 만 번은 더 말했나 봅니다. 엄마가 없어도 잘만 살아왔다고 콧구멍에 잔뜩 힘주어 바람을 뿡뿡 내보냈으니까요.

“임신 3주입니다. 축하합니다!”

의사의 말에 사실 믿을 수가 없었습니다. 좀 늦은 결혼식! 아직 신혼여행 사진을 앨범에 다 정리하지도 못했는데 말입니다. 신랑은 옆에서 방글방글 웃는데 전 초음파 사진만 빤히 들여다보았습니다. 콩알보다 더 작은 점 하나뿐인데 말입니다. 어디선가 쿵쾅쿵쾅 요란하게 북을 치는 심장소리가 귓가를 자그럽게 합니다. 아직 생각해 보지도 못했는데, 무얼 준비해 보지도 못했는데, 삼신할머니가 심술을 부리나봅니다. 어쩌면 실수를 한 건 아닐까요?

쿵쿵 울리는 제 심장소리를 열 달 동안 껴안고, 콩콩 뛰는 아기의 심장소리를 열 달 동안 품고서 드디어 아기를 낳았습니다. 그 아기가 지금 제 곁에서 푸짐한 낮잠을 한 시간 넘게 자고 있네요. 코까지 골면서 말입니다.

저를 많이 닮은 아기. 예전엔 누군가 절 보고 지어미를 닮았다고 하면 몹시 싫은 표정을 드러내 보였습니다. 새삼, 그 말이 가슴을 설레게 흔들어 놓습니다.

사람은 누구나 ‘어머니’란 이름에서 태어납니다. 비록 그 이름을 떠올리고 싶지 않더라도 말입니다. 참 많이도 미워하고 원망했던 그 이름! 이 세상에서 나 혼자만 어머니란 이름은 빈자리였고, 그것이 참 불공평하고 억울하다고 생각했는데……. 솔직하게 정말 그 이름이 까무러칠 만큼 불러보고 싶었다는 걸 고백해봅니다. 보듬어 안아봅니다.

어머니는 병원 응급실 침대 위에서 마지막으로 이렇게 말씀을 하셨다지요. “내 딸 불쌍해서 어떡해? 응? 나 죽으면 내 딸 혼자서 어떻게 살아갈까? 내 딸 불쌍해서 어떡해?”

그 시커멓게 죽어가는 엄마의 입술을 떠올려봅니다. 곧 재가 될 마지막 말을 심장 속에, 뼈 속에 콕콕 찔러 박고, 두 눈을 뜬 채 숨을 거두었다는 어머니!

전 딱 네 번 울었습니다. 태어날 때 울고, 어머니가 미워서 울고, 내 딸 수진이를 낳았을 때 울었지요. 그리고 이제야 어머니가 참 많이도 그리워서 웁니다.

어머니는 제게 늘 빈자리였고, 앞으로도 그렇습니다. 하지만 그 빈자리를 다시 채우고 이어가는 숙명은 참 저 같은 중생의 고개를 절로 숙이게 합니다. 항상 세상은 불공평하고 저는 불행하다고 생각했는데 말이지요. 법정 스님의 말씀처럼 우리가 불행한 것은 가진 것이 적어서가 아니라 따뜻한 가슴을 잃어가기 때문이라지요. 어머니의 몸은 제 곁을 떠났습니다. 그건 어쩔 수 없는 하늘의 길이라지만 적어도 엄마는 따뜻한 가슴을 주고 가셨다는 걸 오늘에야 알았습니다. 수진이를 통해서 말이지요. 언젠가 저도 생이 다하는 날이 오겠지요. 그 날이 오면, 제 딸 수진이가 또 이어가겠지요. 이 세상 따뜻한 가슴을 보듬고 말입니다.

그래서 전 지금 참 행복하고 고맙습니다. 이 세상에게 그리고 엄마의 빈자리에게…….

곽은영

『월간문학』 수필 등단 (2007년)
한국문인협회, 대표에세이문학회, 동서문학회 회원
수상 : 동서문학상 수상 (2012년)
저서 : 공저 『결혼 닻, 또는 덫』, 『마흔다섯 개의 느낌표』 등 다수
E-mail : kwakkwak0608@hanmail.net

김진자

40

양은 냄비

수납장 눈에 잘 띄는 곳에 노란 양은냄비가 하나 있다. 제품공장에서 나올 때 씌웠던 비닐을 벗겨내지 않고 그대로 넣어둔 이 냄비를 나는 노란아이라 부르고 싶다. 주방용이니까 여자로 호칭함이 좋겠지.

이 아이를 맞이한 곳은 시골 닷새장터다. 장날 남의 가게 모서리를 빌어 옹색하게 좌판을 편 손수레에서다. 첫 눈에 사고 싶었지만 딱히 써야 할 용도가 없으니 수납장만 비좁아진다며 애써 자리를 떴다. 그랬는데도 자꾸만 눈에 밟혀 장터를 몇 바퀴 돌다 결국은 집어 들었다. 그냥 접고 나면 집에 가서 후회할 게 뻔했다. 냄비는 첫 만남에서부터 항수였기 때문이다.

이 양은냄비와 나는 많은 공유거리를 가지고 있다. 이미 지나가버린 여러 가지의 옛 이야기 속에는 내 어머니와 형제자매가 있고, 자라던 오랖드리의 얕은 골에서 내다보던 마흔 마지기의 들이 있으며, 들 앞에 놓인 내川와 산천의 사계절도 담겨 있다.

이른 봄, 새로 손질된 덜 굳은 논두렁에 게딱지만한 발자국을 자박자

박 찍으며 언니 뒤를 따르던 이빠진 바가지가 있고 겨우내 받아 물이 치렁치렁한 논에는 개구리 알이 뭉글뭉글 널려 있다. 검정고무신으로 개구리 알을 태째 건져 꼬챙이로 헤집던 계집아이가 있고 장닭을 향해 쏘아 올리던 둘쨋집 쉰둥이의 오줌줄기가 있는가하면 저고리 소매 끝이 콧물로 반들거리던 코흘리개 동무가 함께 한다.

여름 날 배고픈 하굣길, 산모롱이를 나른하게 돌아들면 모사리를 마친 푸른 들에 삼베적삼의 농부들이 줄을 지어 애벌김을 매는 학산 오독떼기 농요를 냄비는 구구단처럼 외우고 있다.

가을 들판은 어땠는데…….

큰 감나무가 서 있어 감나무거리가 된 삼거리 길모퉁이를 일꾼 여럿이 마른 벼를 크게 한 짐씩 지고 출렁거리며 들어오던 내 집 벼타작하는 날의 풍요는 가슴 속에서 자라는 푸른 산이다. 마당에는 탈곡기 두 대가 와룽와룽 엇박자가락으로 나락을 훑고 낟 벼와 함께 쏟아진 벼이삭을 추려 장정 둘이 맞도리깨질로 흥을 돋운다. 아버지는 옆 밭에 집가리 터를 넓게 잡았고 계집아이는 볏집을 나르느라 살갗이 깔끄럽던 옛 회상. 그 날의 가을걷이는 열두어 살 계집아이에게 그 나이다운 풍요요 삽화揷畵다. 이렇듯 냄비가 주는 얘깃거리는 많다.

이제 내 나이 어느 지점까지 다다르고 보니, 앞을 보는 쪽보다 뒤편이 훨씬 살갑고 훈훈할 때가 많다. 나빴던 것보다 아름다웠던 것을 추억하고 어둡던 밤보다 창문으로 들어오는 추억의 여린 빛을 줍느라 냄비 하나를 준비한 나.

장을 보느라 흩어졌던 친구가 장보따리 속의 냄비를 보고 적이 놀라며 묻는다.

"얘, 집에 냄비 없니?"

"왜 없어."

짧은 대답에 더 묻지 않는 친구가 속으로 '뭣에 쓰려고 그 촌스러운 것을?'이라고 반문하는 눈치다.

어느 가슴이 축축한 날 녹차 한 잔을 마시려고 열었던 수납장에서 노란 원피스의 아이가 치마를 부채처럼 펼치고 확 뛰어 안긴다. 옛날로 가자고 한다. 보여 주고 들려 줄 것이 얼마든지 있다고 제법 으스댄다.

닫힌 문 속에서 조금도 기죽지 않고 있었다. 비닐을 벗겨냈다. 등에 붙은 상표를 떼어 내고 세제로 곱게 씻은 다음 가볍게 입을 맞추며 말했다.

오늘같이 비오는 날은 양은냄비에 끓인 칼국수가 제격이다. 감자를 손도마질로 대충 잘라 넣어 푹 끓인 다음 장을 열게 풀어 국수를 끓이면서 중얼거린다.

자주 부탁하지는 않을 거야. 네 모습이 망가지거나 상처 나는 건 내 이야기가 추해지는 거와 같아 고명딸처럼 곱게 곁에 두면서 심히 외로울 때면 너를 부를 거고 네 이야기를 들으며 잠도 청하련다. 겨울이 지루해 갑갑증이 오면 네가 분주했던 당시의 시절로 추억여행을 함께 가잘 거고.

흘러간 일은 아름답다고 말하지. 아픈 기억도 지나고 보면 상처가 아닌 하나의 추억거리라고 하는데 어린 날의 초상이야말로 누구나 가진 오합지졸로의 군상들이 아니겠니. 너와 함께 했던 많은 부대낌들 속에는 두서없이 바뀌어져가던 여럿의 꿈과 적당하게 배고프던 소소한 일상들이 정수리의 흰 머리털처럼 빼곡하단다. 화로에서 졸아든 뚝배기 장을 흙 부뚜막에 걸터앉아 비벼먹던 감자밥의 추억을 네가 쥐고 있는 한, 우리는 한 식구 되기에 안성맞춤이지. 너로 하여금 어린 시절을 찾을 거다.

보물찾기하듯 많은 것을 되짚어내면서 마음의 뜰을 가꾸고 싶구나.

칼국수가 알맞게 익었으니 식탁으로 가자고? 그 사이 내 점심을 준비하고 있었구나. 서랍 어디엔가 놋숟가락 쌍이 있는데 그게 너와 칼국수와 그리고 나와 만나야 더 진한 옛 얘기가 되지 않겠니?

김진자

『월간문학』 수필 등단(2007년), 예술세계 시 등단(1994년)
한국문인협회, 대표에세이문학회, 성남문인협회 회원
수상 : 경기신인문학상, 공무원연금공단 수기공모 입상
저서 : 공저 『교과서에 싣고 싶은 나의 수필』, 『마흔다섯 개의 느낌표』 등
E-mail : ja4445@hanmail.net

김경순

41

호상好喪

호상이라고 했다. 여든 여섯 해를 살다간 아버지가 한 평 남짓한 집에 드신 날 사람들은 그렇게 우리 가족에게 위로의 말을 던졌다. 지난 밤 아버지는 자정을 몇 분 남기지 않고 먼 길로 떠나고 마셨다. 추석을 사흘 앞둔 터라 장례는 짧은 삼일장을 치를 수밖에 없었다.

마른 고춧대 위에 수북이 쌓인 아버지의 옷가지에선 망자의 혼인 양 습한 연기가 스물스물 기어 나오고 있다. 매캐한 연기는 어머니의 눈가를 뭉그대다 이내 아버지가 소싯적 뛰놀던 마을 쪽으로 몸을 비튼다. 연기는 당신의 할아버지 할머니 또 그 할아버지 할머니 혼백이 모셔진 마을 위쪽의 사당을 향해 길게 이어지고 있었다. 상을 치르는 내내 말씀이 없던 어머니의 입술이 조금씩 움직이기 시작했다.

"인자 집도 잘 찾네 그랴. 거기가 당신 집인 줄은 잘도 아는구먼……."

어머니는 친척들 간에도 곡을 잘하기로 소문이 나 있던 분이었다. 하지만 망자가 되어 먼 길을 떠나는 지아비의 마지막 길엔 구슬픈 곡소리도 내지 않았다. 그뿐 아니라 이승에서의 마지막 인사인 절도 하지를 않

았다. 우리는 어머니의 기이한 행동이 허락도 없이 떠난 아버지에 대한 미움의 발로쯤으로 여겼다

뭐든지 늦게 깨닫는 나는 우리 어머니도 세상의 어머니와 같을 거라고 생각했다. 지아비의 삶에 가려져, 자신의 존재란 언제나 두 손에서 흘러내리는 물과 같아, 지아비가 무너지면 자신마저 천 길 낭떠러지로 떨어져 더 이상 어머니의 하늘은 사라져 버리는 줄만 알았다. 어머니의 이러한 행동의 원인을 아는 데는 그리 오래 걸리지 않았다.

두어 달 전, 아버지는 부엌에서 저녁을 준비하던 어머니를 불러 앉혔다. 그리고는 불편한 자세로 큰 절을 넙죽 하셨다.

"임자, 자식들 잘 키워줘서 고맙습니다. 그동안 속 썩여서 미안합니다."

아버지는 근 2년을 뇌경색으로 중환자실과 일반병실을 오가셨다. 병원 생활을 마치고 집으로 돌아 온 아버지는 대여섯 살의 아이로 변해 있었다. 무엇이 아버지를 두렵게 했던 것일까. 집으로 돌아온 아버지는 당신이 화장실에서 뒷일을 볼 때도, 어머니가 텃밭의 남새를 뜯으러 갈 때도 어머니의 손을 놓지 못하셨다. 그날의 일은 아마도 가끔씩 본정신으로 돌아올 때가 있었는데 그 순간이 그때였지 싶다. 당신 삶의 종착역이 다다른 것을 직감하셨던 것일까.

아버지는 어머니가 열아홉에 시집을 온 이후로 이때까지 어머니의 손에 제대로 돈을 쥐어 준 적이 없었다. 그나마 어머니가 남의 집일을 해주고 받아온 품삯은 아버지의 노름 돈으로 빼앗기기가 다반사였다. 때문에 지난한 세월의 흔적이 어머니의 거친 손바닥에 박힌 굳은살처럼 옹이가 된 것은 당연한 일일 것이다. 그렇게 살아온 어머니의 삶의 보상을 큰절로 해주려는 것이었을까. 철옹성인줄만 알았던 어머니의 닫힌 마음이 그

이후로 서서히 뚫리고 있었던 것을 자식들 중 그 누구도 몰랐다.

예로부터 곡을 한다는 것은 망자에게 죄를 지었다는 이유로, 죽은 자를 위한 것보다 산자들을 위한 행동에서 기인한다고 한다. 팔십 고개를 넘은지 두 해가 넘은 어머니가 대소변을 가리지도 못하는 아버지를 아들처럼 보살펴주었는데, 어머니가 곡을 하길 원하고 절을 하기를 바라는 것은 어쩌면 더 이상한 일인지 모른다.

빈들에 섰다. 텅 빈 밭에는 된서리에 힘을 잃은 콩대 한 무더기가 널브러져있다. 그 속에서 당신의 모습인 양 다 무른 꼬투리를 따는 어머니의 어깨위로 가을볕이 앉아 있다. 멀리 보이는 봉래산 낙엽송이 겨울 문턱에서 노랗게 신열을 앓는 중이다. 가만 보니 신열을 앓는 것은 낙엽송만이 아니었다. 속도 겉도 다 비워낸 어머니는 동천冬天을 맞을 준비를 하고 있었다. 그동안 어머니는 아버지를 기다리며 몇 십번의 겨울을 맞이하고 보냈을 것이다. 하지만 이제는 해마다 치를 통과의례도 없다. 길고 긴 겨울을 위해 어머니는 저렇게 알맹이도 없는 쭉정이를 당신 가슴속에 가득 채워놓는 중이리라.

가을볕이 어머니의 등을 지나 웃말 산을 다 넘도록 나는 그렇게 밭둑에 붙박이가 되어 앉아 있다. 내가 앉아 있는 이 자리는 몇 달 전까지만 해도 아버지의 자리였다. 어머니가 고추밭에 김을 다 매고, 그도 모자라 해가 서산을 다 넘도록 밭둑에 거적을 깔고 앉아 아버지는 어머니를 기다렸다. 주인을 잃은 자리는 아무 말도 없었지만 많은 것을 보여주고 있었다. 왜 몰랐을까. 하지만 그때는 그것이 자식으로서 할 수 있는 효도라고 생각했다.

아버지는 돌아가시기 전 한 달 남짓한 기간을 중환자실에서 생명의 징후를 알려주는 기계들로 의지하고 있었다. 면회를 하러 들어가면 초점도 없는 눈으로 맞아주시던 아버지가 유독 어머니만 보면 침도 넘어가지 못하게 막아놓은 관을 비집고 무어라 말을 하시는 듯 했다. 신기하게도 오빠와 내가 알아듣지 못하는 말을 어머니는 단박에 알아듣는다는 사실이었다. 밥을 달라는 말임을 어머니가 아버지에게 묻는 말을 통해 알 수 있었다. 어머니가 무어라 물으면 아버지는 고개를 끄덕였다. 반찬이라고는 두 세 가지 밖에 없던 어머니가 차려 준 그 밥상이 죽음의 문턱에서 왜 그리 그리웠을까. 면회를 마치고 나오면 아버지를 모시고 집으로 가자며 어머니는 자식들을 회유하다가도 자식들이 듣지 않으면 병원 복도에서 큰소리로 실랑이를 벌였던 적이 한두 번이 아니었다. 하지만 어머니의 뜻대로 한다는 것은 바로 아버지의 생명을 포기한다는 의미이기에 우리는 어머니의 간절함에도 매정하게 외면 할 수 밖에 없었다.

둥글게 말고 앉아 있는 어머니의 비쩍 마른 등이 노량 움직이기 시작했다. 이제야 나를 느끼신 모양이다.

"올해는 서리태를 못 먹게 생겨서 어쩌냐, 서리가 이렇게 몇 번을 내렸는데도 익지를 않고……. 콩대도 다 죽고 꼬투리도 다 쭉정이여."

어머니는 서리태 몇 알을 쥔 손을 펴 보이셨다. 어머니의 가슴 빛을 닮은 쭈그렁 까만 서리태가 문득 어머니와 겹쳐 보였다. 만약에 그때 아버지가 잡숫고 싶어 하는 것이 어머니가 차려준 밥상인 줄을 알았더라면, 아니 그토록 그립던 이가 어머니인 줄 알았더라면 나와 오빠는 이렇듯 후회는 하지 않았을 것이다. 또한 어머니와 아버지가 이제 막 당신들만의 마음 밭을 그리움이라는 쟁기로 갈기 시작했다는 것을 사람들이 알았더라면 호상이라는 말로 어머니를 숨어서 울게 하지는 않았을지도 모를 일이다.

김경순

『월간문학』 등단(2008년), 충북 음성 출생
음성문인협회, 한국문인협회, 대표에세이문학회 회원
수상 : 충북여성문학상
저서 : 수필집 『달팽이 소리 지르다』, 『애인이 되었다』
E-mail : dokjongeda@hanmail.net

허해순

42

자화상

나는 토종닭이다.

과거 해상의 제국이었음을 알리는 영광의 상징으로나 심볼로 사용하며, 예술적 자존심을 은근히 과시하는 존재로 태어나지는 않았으나, 토종닭이라는 내 운명에 비애를 느끼지는 않는다.

토종닭 특유의 모성으로 병아리 두 마리를 애지중지 길렀다. 날개가 돋기 시작하자 파랑새가 되고 싶다며 여러가지로 내 애를 태웠다. 성장통을 한바탕 앓고 난 후 토종닭으로 크는 내 새끼들은, 이젠 제 갈 길을 가려고 횃대에 오르는 연습도 하고 어떤 자리가 알을 품기에 안전한지 묻기도 한다. 그들이 병아리 적엔 하얀 털을 가졌으므로 내 자식들은 백공작이 될 거라고 같은 집에 사는 황구에게 뻐기곤 했다. 그런데 요즘 돋는 날개의 깃털이 토종색이라 허풍을 떤 꼴이 되어버렸다. 황구 녀석은 매일같이 나에게 닭대가리라고 놀려대 나는 그만 분통이 터져 그녀석의 밥통에 내 튼튼한 닭발을 넣어 휘저어 버렸다. 화가 난 녀석이 물어뜯을 기세로 냅다 달려왔으나 죽을 둥 살 둥 꽁지가 빠지게 담장으로 날아올랐다. 점잖은 황소는 둘 사이에 끼어들지 않고 제 할 일만 하고 있고, 갈색 갈기를 휘날리며 들어오는 말을 피해 황구가 제 처소로 가고서야 사태가 진정되었다.

나는 이 갈색 말에 비호감이다. 나를 은근히 눈 아래로 보고 폼을 재는 바람에 백마나 흑마에 견주어 그의 자존심을 건드렸다. 내 머리 꼭대기에 벼슬이 달렸다는 말도 잊지 않고 곁들였지만 창피한 마음이 든다. 새하얀 털로 깔끔하게 자라는 레그혼이나 윤기 흐르는 까만 오골계와는 다르게, 갈색도 흑색도 아닌 깃털이 날개 죽지에서부터 돋아나 노란 병아리적 외모를 망가뜨려간다는 생각에 의기소침했던 적도 있었다. 한때는 하얗게 빛나는 깃털 때문에 뭇시선을 받았어도 창살만 있는 쪽방에서 일생을 보내는 닭도 있다. 밤낮없이 불을 켜놓아 알만 낳아도 제 알 하나 품어보지 못하고 좁은 케이지 속에 갇혀 지낸다. 겉으로 보여지는 것은 헛껍데기에 불과하다는 것을 가엾은 레그혼의 신세를 보며 깨달았기 때문이다.

미루나무에 직접 자신의 둥지를 꾸며놓고 사는 박새나 한여름동안 갈참나무에 머물다 가는 숲새는 나의 이상형이다. 날개가 있으면 저 정도의 구실을 해야 높은 곳에서 온 동네를 조망하며 황구에게 약을 올릴 수 있다. 숲새는 추워지면 따뜻한 곳으로 떠난다. 생존을 위해 죽기를 각오하고 바람을 맞으며 수만리를 날아가는 자기들인데, 이익을 따라 이리저리 옮겨 다니는 정치인들을 철새 떼라고 빗대어 말한다고 억울해 한다. 까치밥 하나 제대로 남겨 놓지 않는 각박한 인심 때문에, 배가 고파 들판을 헤매다 극약 묻은 먹이를 먹고 집단 폐사했다는 흉흉한 소식도 들려온다. 조류독감을 옮기는 원인을 철새에게 다 뒤집어씌운다고 절규한다. 우리 닭들도 에이원인가 하는 것이 한번 돌면 떼죽음이다. 산닭들도 무조건 살 처분되는 처지라 불안하긴 마찬가지다.

들닭이었던 조상의 습성이 남아있는지 호기심 많은 천성 때문인지 담장 밖을 벗어나고파지면 뒷산에 오른다. 느티나무 밑둥 안으로 개미떼들의 행렬이 이어진다. 대규모 전쟁도 한다는 개미사회에는 리더가 없다. 여왕개미는 여왕물질로 다 같이 암컷으로 태어난 일개미들의 생식기들을 원천적으로 봉쇄하고 평생 일만 하도록 만들지만, 어떻게 하라고 미주알고주알 지시하거나 통제하지는 않는다. 그래도 큰 먹이를 일정한 방향으로 잡아끌며 옮기는 것은, 페로몬이라는 분비물의 냄새로 의사소통을 하며 각자 자기 할 일을 알아서 하기 때문이다. 개미제국의 번식은 여왕개미 혼자의 몫이고 알 한번 못 낳아보고 평생 일만 하는 일개미나, 알만 낳고 제 알 한번 품어보지 못하는 레그혼이나, 삶의 부조리라고 소리쳐 저항하지 않고 숙명으로 여기며 받아들인다. 닭의 장풀과 애기똥풀이 무성한 도랑 쪽으로 빨강과 밤색으로 치장한 꽃뱀 한 마리가 똬리를 틀고 있다. 예전에 우리 집 돌담 곁 장독대에서 살았었는데 여기에서 조우하니 반가웠다. 두 세대 전만 해도 한 집에서 동고동락하며 집밖으로 내쫓으면 화를 당한다는 속설도 있고, 백사를 보면 대길할 징조라고 좋아라 했었다. 목에 감고 다니며 뱀과 아주 친하게 지내는 이국도 있다. 소나 돼지나 뱀이나 나라마다 그들의 위상이 달라 받는 대접도 다르다. 그나마 내 처지는 어디에서든 같아 다행이다. 어쨌든 뱀하고 나하고는 생각이 같아서 마음이 잘 통한다.

바람이 잔잔한 어느 날 달빛이 아름답게 비친다는 호수에 가기 위해 언덕을 내려오다, 호박꽃봉오리 속을 분주히 드나드는 벌떼를 만났다. 사랑하는 사이의 밀애를 두고 벌이 꽃을 찾듯 한다고 말한다. 제 실속 찾아 꿀을 모으려고 그러지 사랑해서 만나는 건 아니라고 하자, 꽃들의 사랑을 이루게 도와준 대가로 꿀을 받는다고 강하게 몸통을 흔들며 춤 언어로 항변한다. 괜한 참견으로 벌침이라도 맞을까봐 잰걸음을 걷다 조랑조랑 파랗게 올라온 당근 잎에 미끄러져 황토밭에 나뒹굴고 말았다. 노을빛 물든 호수 위로 오리 한 쌍이 다정하게 유영하고 있다. 중풍에 특효라며 생목에서 선혈을 받아야 한다고 오리 한 마리가 희생을 당했는데, 그 슬픔을 어느새 추스르고 안정을 찾은 듯하다. 둘을 방해하고 싶지 않아 인사도 없이 돌아섰다.

나하고는 앙숙처럼 지내지만 처지가 아주 딱한 황구 생각을 한다. 여름철 삼복이 가까워오면 '죽느냐 사느냐 이것이 문제로다' 중얼중얼 안절부절 전전긍긍이다. 퍼그나 요키, 치와와 같은 애완견 때문에 느끼는 소외감은 가벼운 통증일 뿐이다. 베이지색 고양이 한 마리가 볕 좋은 마루 끝에서 다리를 길게 늘여 빼며 기지개를 켠다. 남들과 어울리지 않고 사색에 잠기거나 졸면서 고독한 존재로 지내다, 방랑벽이 있어 해가 지면 순식간에 담을 타고 사라지곤 한다. 말 못할 속사정이 있겠지만 마음을 터놓고 손을 내밀면 잡아주고 싶다 .

어떤 종족이든 다들 자기 슬픔이 있고 삶에 고통이 따르지만 눈물겹게 극복하며 나름대로 살아가고 있다. 물과 흙으로 반죽한 그릇은 1200도의 고열을 견뎌 옹기로 거듭나고, 새 중에서 제일 작은 벌새도 제 몸을 일초에 80번을 쳐서 난다고 한다. 나는 의리가 있고 밝고 부지런하다는 평판을 듣지만, 목청이 크고 성미가 급하며 생각이 다르면 마음을 닫아버리는 고약한 닭이다. 나이가 들수록 육신은 퇴행해 가겠지만, 순수한 영혼을 가진 품위 있는 토종닭으로 새롭게 가꾸어 가야겠다. 수명을 다할 때까지 열정을 가지고 꿈으로 삶을 채워 가련다.

허해순

『월간문학』 수필 등단 (2009년)
전북대 사범대 졸업, 한국문인협회, 대표에세이문학회, 송파문학회, 미래수필문학회 회원
수상 : 전국 소월백일장 수필 입상
저서 : 공저 『마흔다섯 개의 느낌표』, 『힐링역에 내리다』 등
E-mail : nobleher@hanmail.net

허문정

43

아버지의 등

숲 속에 자리한 콘도의 4층 창가, 키 큰 아까시나무 우듬지가 바로 눈앞이다. 비가 오는데도 매미는 제 몫을 다하느라 울음을 그치지 않는다. 매미가 벗어 놓은 허물은 제 소리를 들으며 이 비를 맞고 있으리.

추임새라도 되는 양, 연신 건배를 하며 술잔이 몇 차례 돌자 아버지가 슬그머니 일어나 작은방으로 들어가신다. 뒤따라 들어가 보니 자리에 눕는 아버지의 굽은 등이 마치 매미의 허물처럼 텅 비어 보였다.

'내가 이 등껍질 속에서 나왔지!'

가만히 아버지의 등에 내 등을 대고 누웠다.

"차를 오래 타고 와서 피곤하지?"

"네!"

대답을 하는데 갑자기 뜨거운 눈물이 솟구쳤다. 내가 아버지와 나란히 누워 본 게 언제였던가?

아버지 등에 업혀 영화를 보러 가며, 이 다음에 꼭 아버지와 결혼하겠다고 손가락을 걸었었다. 세상에서 가장 멋진 남자가 아버지였고, 아버지의 팔을 베어야만 잠들 수 있었다. 해군복을 입은 아버지와 개울가를 걸으며 온 세상이 내 것인 양 깡충거렸다.

그러나 혼자되신 할머니의 상심과 어려운 살림을 꾸리는 엄마의 원망, 똘망똘망 아버지만을 찾는 나까지, 오로지 자신을 향한 세 여자의 눈빛이 버거웠을까. 아버지는 사랑 놀음에 정신을 팔고, 나는 "낳아 놓기만 하면 다 부모냐?"며 해서는 안 될 말도 서슴지 않았다. 아버지를 원망하며 마음과 마음이 부서지고 아버지에게서 등을 돌렸다.

한때는 따습고 넓기만 하던 등, 때로는 원망이 되기도 하던 등이 이제는 낙엽처럼 가벼워져 있다. 아버지가 매미처럼 어디론가 훌쩍 날아가 버릴지도 모른다는 생각이 들었다. 아버지의 등을 가만가만 쓰다듬어 보았다. 앙상하게 뼈만 남아 입혀드린 새 옷이 헐렁하다.

언제부턴가, 아버지는 손자들의 수도 세지 않고 오지 않은 누군가를 서운해 하지도 않는다. 돌아가신 엄마 이야기도 하지 않는다. 말없음이 더욱 쓸쓸하게 다가왔다.

지금 내가 아버지의 등에 내 등을 맞대듯이, 아버지도 할아버지 산소에 등을 대고 운 적이 많았다고 한다. 슬픔과 슬픔이 등을 맞대는 시간, 가난에 절은 어린 아들의 통곡을 할아버지는 어떻게 보듬으셨을까. 먼 후일, 가난도 부모의 부재도 경험하지 못한 나의 아이들은 나와 등을 맞대고 누우면 무슨 생각을 할런지…….

아버지 생신을 핑계로 우리들의 잔치가 된 이틀을 보내고 각자의 집으로 돌아가는 시간이 되었다. 아버지가 등을 보이며 먼저 떠나셨다. 아버지의 빈 등이 자꾸만 어른거려 자동차 시디 볼륨을 높였다. 혼자 들어서는 방이 얼마나 쓸쓸하실까. 휴게소에 들러 전화를 했다. 목소리를 높여 금방 찾아뵙겠다고 했다. 한꺼번에 우르르 모였다가 썰물처럼 빠져나가고 나면 오히려 더 쓸쓸해진다는 것을 알기에.

노인들이 짐이라고 생각되는 세상. 자식이면서도 이런저런 핑계거리가 많은 우리. '부모는 열 자식 다 거둬도 여러 자식이 한 부모를 못 모신다.'는 말처럼 우리 형제가 그렇게 살고 있다. 입으로는 서로 오시라고 하지만 미묘한 갈등을 눈치 못 챌 아버지가 아니시다. 아버지가 스스로 택한 실버타운이지만 그 깊은 속을 왜 모르랴. 죽음을 준비하는 부모가 마지막으로 자식들 얼굴이나 보려고 불렀는데, 자식들은 부모를 모시게 될까봐 서로 핑계대기 바쁘던 영화가 바로 우리의 모습이다.

아버지도 헤어질 때 보이지 않던 눈물을 떨어뜨리고 계실 터이다. 당부하려던 말씀이 이제야 생각났을지도 모른다. 내일 아침이면 어느 하루 지켜 본 그 날처럼, 어르신들끼리 침묵이 흐르는 식사를 하실 테지. 부스스하고 무표정한 얼굴들. 아무리 좋은 시설을 갖추었어도 가족들과 오순도순 둘러앉은 밥상만이야 하랴. 어린아이 웃음도, 젊은이의 혈기도 돌지 않는 그곳이 세상과 격리된 수용소 같았다. 무거운 생을 업고 한 세상 건너온 아버지에게 나는 언제 한 번 엎드려 내 등을 내 줄 수 있을까.

지금쯤 손수 해 널은 옷가지들이 건조대에서 펄럭이는 모습을 지켜보고 계실 아버지.

내가 맏며느리라는 이유로 번번이 모실 기회를 거절당했지만, 이제 기어이 내 따뜻한 식탁에 아버지를 모시고 앉으리라. 그 마른 등이 더 가벼워져 날아가기 전에. 허물뿐인 등에 외롭고 설운 노래 가득차기 전에.

허문정

『월간문학』 수필 등단(2009년)
한국문인협회, 광주문인협회, 대표에세이 문학회, 무등수필 문학회 회원
저서 : 공저『결혼 닻, 또는 덫』『마흔다섯 개의 느낌표』외 다수
E-mail : shin_saimdang@hanmail.net

조주희

44

내 그림자

겨울 양지는 따스하다. 햇살이 번지고 있으니까 매서운 날씨에 따사로운 자리이지만 요새야 난방 시설이 잘 되어 있으니 겨울날 햇살의 온기를 예전처럼 그다지 그리워하지 않는다. 차라리 무덤덤하게 양지쪽을 지나 스쳐 갈 뿐이다. 그보다는 추위에 떨던 시절에 바깥에 나와 햇볕을 쪼이는 담벼락에 붙어 서서 집 밖으로 나오는 동네 동무들을 기다리고, 동무들과 재잘거리던 추억의 김이 모락모락 피어나는 훈기 때문에 겨울 양지쪽은 언제나 따스한 눈짓을 해온다.

길을 지나다 겨울날 환한 햇살이 물들여지는 담 벽을 보면 한 번쯤 기대어 서서 머물다가 가고픈 향수에 젖게 된다. 잠시 발길을 멈추고 찬바람이 부는 양지 쪽 남의 집 울타리에 몸을 기대고 파란 하늘을 올려다본다. 문득 귀여운 정경이 기억 속에서 떠오른다.

영수가 저만치서 혼자 팽이를 치고 있다. 요리조리 돌면서 팽이를 줄곧 내려치는데 영수의 그림자도 그 곁에서 열심히 나돌며 따라 하고 있다. 영수보다 팽이를 치는 그림자가 더 재미있었다. 영수의 그림자는 영수만 따라다닌다. 영희의 그림자는 영희랑 놀고, 나의 그림자는 나하고만 논다. 그림자는 그러니까 우리의 이름보다도 더 가까이서 우리 자신에게 붙어 있다. 언제 어디에서나 나하고만 지내며 나와 함께 삶의 길을 걷고 있는 내 그림자는 온통 세상 바닥에다 나를 투시하고 있다. 언제 어디서나 어김없이 나를 따라서 몸짓을 하는 존재이니까 나의 삶을 비춰 보이는 검은색 거울이다.

나무 울타리에 붙어 서 있는 내 그림자를 내려다본다. 담장에 몸을 기대고 있는 나의 모습을 비쳐내는 내 그림자는 약간 꾸부정한 모양으로 곁에 있다. 아무도 지나가는 이가 없는 길 위에서 혼자 있기 때문인지 조금은 쓸쓸하고 외롭게 보인다. 하기야 인생의 골목길은 찬연하게도 환하고 늘 외로운 것이다. 지금 여기 혼자서 등을 기대고 서 있는 밝고 빈 길바닥 같은 것이다. 저녁이 가까워져 오는 무렵이어서 나의 그림자는 길 위에 길게 누워있다. 키가 작아서인지는 몰라도 난 언제나 허리를 기다랗게 뻗는 저녁 해님의 손길이 닿는 모든 그림자들을 무척이나 좋아한다.

인생의 나날 가운데서 가끔은 권태로워질 적에 그림자를 바라보며 여러 모양도 만들어 본다. 그 때 나는 영희의 그림자를 넘겨다보는 것이 아니라 바로 내 곁에 붙어 있는 내 그림자를 본다. 그 때 나는 영수의 그림자를 쫓아가는 것이 아니라 내 그림자를 디디고 서서 그를 응시한다. 그럴 적에 곁에 딱 붙어 앉아 있는 내 그림자가 참 사랑스럽다. 나라는 존재를 세상 바닥에 그려내고 있는 현상이니까 그리도 사랑스러운 눈짓을 보내오는 것이다.

내가 나를 세상에서 제일 잘 알고 있고, 그러한 내가 사는 동안에 얼마나 맑고 아름다운 존재가 되려고 아침저녁으로 애를 쓰고 있는가를 나는 잘 알고 있다. 그런 모습을 바라보면 인생에서 나 자신보다 더 한층 사랑할 일이 없다는 걸 나는 익히 알고 간다. 자기 자신을 가장 사랑한다는 말은 나르시즘의 극치도 아니려니와 에고이즘은 더더욱 아니다.

우리가 인생의 골목골목을 지나는 도중에 어떤 강렬한 욕망을 품고 그것을 성취하려고 자신을 불사르는 정도의 열정으로 자신을 사랑하기 위하여 우리의 자아를 다듬으면 자기 자신이 참으로 반짝거리는 걸 어느 날 보게 된다. 그리고 그러한 빛 안에서 세상이라는 것이 빛나는 보화가 되고, 나를 스쳐가는 사람들이 값진 존재들로 반짝이는 무엇으로 비친다. 세상과 사람이 내가 살아 있어서 사랑하지 않을 수 없는 존재로 내게 다가온다.

이렇듯 내가 살아갈 수 있는 공간을 아름답게 가꿔내고 내가 삶의 호흡을 평화롭게 할 수 있도록 맑은 바람을 선사하는 '자기 사랑'은 인생에서 꼭 배우고 가야 하는 과제이지나 않을까. 우리가 잘 살아가기 위해서는 무엇보다 자기 자신을 보다 사랑할 수 있어야 한다는 나의 말을 경청하던 한 낯선 젊은 사람은 그간에 무척이나 미운 구석이 있는 자기 자신을 사랑할 수 없어 고뇌에 차 있었던 모양이다. 인사동 찻집에서 차를 시켜놓고 그 말을 듣자 불현듯 일어서면서 화장실에 잠시 다녀오겠노라고 자리를 떠났었다. 이윽고 주문한 차가 날라져 왔다. 차가 식어갈까 마음이 쓰이는 지경의 시간이 흐른 후에 그는 맞은 편 자리에 다시 와 앉으면서 환하게 웃어 보이더니 갑자기 오늘은 자기가 이 찻집으로 초대된 것이지만 그래도 자기가 차를 사게 해달라는 말을 건네왔다.

실은 내가 신세를 진 일이 있어 차라도 함께 마시고 가자고 들렸는데 기어코 오늘 차는 자기가 나에게 대접하고 싶다고 했다. 나는 또 완강하게 사절하면서 좋은 말을 들었다고 여겨지면 그대로 가져가고, 차도 얻어 마시면 된다면서 그 날 차 값을 내가 내고 말았다.

젊은 세대인 축에 비하면 키가 퍽이나 자그마하던 그 여성은 혹 키가 너무 작다고 열등감을 떨쳐버리지 못해 자신의 책임도 탓도 아닌 신체적 컴플렉스를 긁어 만들고 있지나 않았을까. 그 날 제안한 대로 그가 차를 사게 했어야만 하지 않았을까 생각하기도 한다. 주워 얻은 것에 대한 보상을 했으면 그 기억을 오래 간직하면서 이젠 뱀이 허물을 벗듯이 인생의 한 모퉁이에서 그는 자신의 열등한 데에 대한 짓눌림과 그것으로 인하여 자기 자신에게로 퍼붓는 불만을 한층 쉽게 벗어 던질 수는 있지 않았을까. 자기 자신을 사랑하는 덕은 그러나 생활 속에서 곧잘 잊어버리게 되는 습성을 지녔다. 이것은 많은 이들이 그런 것처럼 비 오는 날 여기저기 들리다 우산을 놓고 다니는 것보다 더 잦게 잃어버려지는 생의 부장품이다. 그러기에 그 때 인사동 찻집에서 감동을 받았다 해도 그도 이내 잊어버릴 수 있고, 나도 아주 자주 잃어버리는 바람에 고뇌의 골짜기로 등을 밀려 들어가는 적이 허다하다.

자기 자신을 다소곳이 사랑해야 하는 이치를 깨닫게 되니까 나는 어느새 세상이 고귀하고 별 것 아닌 사람들 같아도 사랑으로 열정을 가지고 만나게 되는 삶의 덕을 터득하게 된다. 이런 삶의 덕을 한 줌 얻기 위하여 나는 얼마나 구석에서 눈물을 훔치고, 얼마나 내 삶의 살점을 떼어내는 피를 흘렸던가 돌아보면 나 자신이 대견해진다.

그렇게 대견하다 싶은 내 그림자를 바라볼 때 더러는 하늘을 우러러보곤 한다. 거리에 서서 머리 위 하늘을 또 다시 올려다보면서 거기엔 어떤 그림자가 있나 찾아본다. 겨울철 하늘은 티 하나 없이 맑아 아무런 그림자 같은 것이 없다. 구름이 떠 있다한들 그것이 창공의 하늘에다 그림자를 지게 할 수는 없다. 삶이 여무는 곳이 아니니까 저렇듯 잠잠할 수가 있는 것이다. 저렇게 잠잠한 세계로 돌아가는 길 위에서 인간은 개미를 방불케 할 정도로 부지런히 자기 존재의 자취를 수집하고 그것을 애지중지하며 가꿔 간다. 그러한 자기 자취를 길도록 빛나게 하겠노라 쉬지 않고 움직여서 자신의 그림자가 잠시도 쉬지 않게 닦달질을 한다. 인생의 미덕이라는 미명 아래 갖은 부지런을 떠는 걸 칭송하면서 자신의 그림자도 피곤하게 만들고 있다. 그 틈바구니에서 우리는 나 자신을 사랑할 시간도 없고, 남은 더더욱 사랑으로 살펴볼 겨를이 없이 삶의 길 위에서 뛰고 달리며 자신의 그림자를 전기 모토가 달린 기계인 양 열심히 부리고 있다.

지금쯤 팽이를 혼자서 치던 영수도 어디에선가 줄곧 제 그림자를 불나도록 내돌리고 있을 것이다. 몸집이 유난히 작아 거동이 재바르던 영희도 어디에선가 여전히 재바르게 설칠 터이고, 영희하고만 노는 영희의 그림자는 자그마한 그녀를 바지런히 따라다닐 것이다. 그에 질세라 내 그림자도 이래저래 나의 등살에 밀려 평화로이 쉬지 못하는 것이 생의 광장에서 보인다. 그런데 이 순간에 여기서 나는 담 밑에 멈춰 서서 텅 빈 하늘을 올려 보고 있다. 곁에서 내 그림자가 잠자코 꼭 붙어 서 있다.

조주희

『월간문학』 수필 등단 (2010년), 『문학공간』 시 등단, 경북 대구 출생
현 독일 거주, 저서 : 시집 『까맣게 빛나는 별』, 『밤 하늘의 무지개』
E-mail : zuh-hee@hanmail.net

김진진

45

격조 있게 살아가기

품위品位라는 말이 있다. 이때 쓰인 '물건 품品'자는 입 구口가 셋이나 되니 '여러 사람'이 본뜻인데 물건이나 종류, 등급을 뜻하기도 한다. 본래 입 구口자는 그릇모양을 나타내는 것이다. 이것이 세 개 모인 물건 품品자는 그릇모양의 물건이 여러 개 있다는 뜻으로 갑골문자시대부터 지금까지 사용되고 있다. 약 3400년이란 세월을 그 자형字形이 변하지 않고 있는 셈으로 '여럿이 이야기하면 최고의 물건을 얻을 수 있다'는 의미를 내포하고 있다.

헌데 이 글자를 유심히 바라보고 있자니 그 뜻과는 다르게 재미있다는 생각이 든다. 하나의 입이 두 개의 입을 내리누르고 있는 형상이 아닌가. 그렇게 생각하니 어쩐지 위에 있는 입은 다소 위압감이 든다. 똑같은 크기의 입인데도 말이다. 마치 기가 세거나 폭력적인 느낌마저 묻어난다. 하여 문득, 군림君臨이라는 낱말까지 떠올리게 만든다. 나아가 연산군, 광해군까지 점차 확대되어 생각이 꼬리에 꼬리를 물고 늘어진다.

중국 당나라 말기에 유명했던 풍도馮道:882~954라는 재상이 있다. 그는 군벌정권이 혼란에 달했던 5호 16국 시대에 다섯 왕조(후당, 후진, 요, 후한, 후주) 53년에 걸쳐서 11명의 천자를 섬기며 30년 동안 고관을 지냈고 재상만도 20년을 지냈다. 난세에 처하여 민중생활의 어려움을 잘 보살폈으므로 관후한 어른으로 칭송을 받았다. 그러나 왕조가 바뀔 때마다 새 왕조를 적극적으로 옹호하는 현실정치를 펼쳐 지조가 없는 파렴치한 정치가로 맹비난을 받기도 하였다.

그는 자신이 쓴 '장락로자서長樂老自敍'에서 '난 황제를 섬긴 것이 아니라 나라를 섬겼다'라고 하였으니 그 뜻이야 해석하기 나름이요, 능란함이 묻어난다 하겠다. 또한 그는 '설시舌時'라는 유명한 작품을 남기기도 하였다. 그 내용인 즉, 혀를 칼에 비유하여 '입은 재앙을 불러들이는 문이요口是禍之門-설시화지문, 혀는 몸을 베는 칼이다舌是斬身刀-설시참신도, 입을 닫고 혀를 깊이 감추면閉口深藏舌-폐구심장설, 가는 곳마다 몸이 편안하다安身處處牢-안신처처뢰'라고 하였다. 새겨 볼수록, 곱씹어 볼수록, 깊은 맛이 우러나는 구절이 아닐 수 없다.

팔짱을 끼고 담장 위에 걸터앉아 땅을 내려다보면 그럭저럭 땅모양은 보일지 몰라도 개미들을 발견하기가 어려워진다. 땅 위에 발을 딛고 쪼그려 앉은 다음에야 비로소 개미들의 움직임이 보인다. 자세를 낮추어 오랫동안 보고 있으면 미세하지만 활발한 움직임이 느껴진다. 그들은 질기고 질긴 잔디의 뿌리를 잘게 끊어가며 복잡 미묘하고 거대한 개미집을 만들기도 한다. 아무 생각 없이 그 개미집을 발로 툭툭 건드려 보라. 순간적으로 작고 작은 개미들이 쏟아져 나온다. 그들은 탐색 조들로 상황파악이 끝나면 되돌아가 다시 보수를 시작한다. 견고하고 무너짐 없는 튼튼한 집으로.

글자 하나를 놓고 이런저런 비약을 하다가 생각이 여기까지 이르니, 새삼 살아가는데 있어 처신의 중요함이 어떠해야 할 지 또 다시 깊은 상념에 잠기게 된다. 굳이 사람의 품격을 나누어 말한다면 몇 가지 등급으로 나눌 수 있을 지 의문이다. 기준이야 어찌 되었건 스스로 체면을 유지하려면 중간쯤이라도 들어야 하지 않을까 싶다. 그 이상을 넘어가면 천만다행이고, 만일 하급이면 수신修身에 힘써야 부끄러움을 면할 노릇이다.

사람이 모이는 곳에는 어디나 상하좌우, 위계질서라는 것이 있다. 조용히 관찰하다 보면 그 안에는 작은 규칙과 무언의 약속 같은 것들도 숨어있기 마련이다. 적어도 그것들을 받아들이고 어느 정도 몸에 익힌 후에 다음 행동을 취해야 큰 무리가 생기지 않는다. 기본을 갖추지 않으면 범절이 없어 보이고 도가 지나치면 안하무인격이 되어서 볼썽사나워진다. 겸손은 자기의 위치나 인격이 낮아지는 것이 아니라 스스로의 격을 높이는 가장 보기 좋은 도구인 것이다.

'여럿이 모여 이야기하면 그 중 최고의 등급을 받을 수 있는 사람'이 되는 것은 여간해서 쉽지 않은 일이다. 스스로의 품위를 높이는 것은 하루하루를 차곡차곡 쌓아가는 긴 과정이 튼실해야 이루어지는 때문이다. 정신세계를 제대로 담금질하지 않으면 나이 들어서도 흔들림 없는 마음의 평화와 안정을 찾기란 쉽지 않다. 그러니 격조 있게 살아가기란 참으로 어려운 것이어서 아무나 할 수 있는 것은 아닌 성 싶다.

김진진

『월간문학』 수필 신인문학상(2011년)
한국문인협회, 대표에세이문학회 회원, 관악문화원 문학아카데미 회장,
Animation BG Professional, 승보컨설팅 대표
저서 : 소설 『오래된 기억』, 공저 『마흔다섯 개의 느낌표』 등
E-mail : wf0408@hanmail.net

원수연

46
풍경이 끝나는 곳에 길이 나온다

공원길에 들어섰다. 길 위에 한 개의 선이 있다. 인도와 자전거 도로의 선 긋기다. 인도 쪽으로 몇 개의 벤치가 있다. 벤치 위에는 담배를 피우거나, 농을 나누는 할아버지인 듯, 아저씨인 듯한 모호한 연세의 남자들이 몇몇이 앉아 해바라기를 하고 있다. 젊은 날 열심히 살아온 훈장으로 공원 벤치를 사랑방으로 삼아 삼삼오오 옛이야기에 세월을 낚는 것일까. 나이와 차림새로 보아 그분들의 상실한 세월의 뒷모습이 떠오르며 물음표가 마음에 남는다. 조금 안쪽으로 들어섰다. 공원의 풍경이 한눈에 들어온다. 몸 관리를 위해 자전거 페달을 열심히 밟는 사람, 마스크로 얼굴을 가린 채 눈만 내놓고 산책하는 사람들이 보인다.

이 길과 첫인사를 나누게 된 지는 오래되지 않았다. 일주일에 한 번씩 만나는 길이다. 길 위에는 간판 없는 상점들이 상주해 있다. 재래시장도 아니요, 그렇다고 세련미가 넘치는 백화점의 풍경과는 거리가 있는 느낌이 들어서일까. 오래 보아왔던 것처럼 길 위의 상점들의 풍경은 낯설지가 않았다. 길 언덕배기의 산수유 꽃은 작은 전구에 점등해 노란 불을 밝히고 길 위의 상점의 배경이 되었다. 꽃샘추위에 웅크리지 말고 기지개를 켜세요, 라고 말을 건네며 봄은 이미 당신 앞에 와 있다는 듯 앙증맞은 꽃송이는 빙긋이 웃고 있다. 꽃샘추위에도 아랑곳하지 않고 당당한 모습으로 화답하는 산수유 꽃으로 정겨워지는 날이다. 산수유 꽃 사이로 그의 모습이 보이는 듯하다.

인도 위로는 간판이 떨어져 나간 몇 개의 상점들이 문을 열었다. 상시 장이지만 상품은 갈 때마다 바뀌었다. 첫 번째로 보았던 상점은 운동화를 파는 곳이었다. 오선지에 음표가 올라가 있는 것처럼 여러 색의 운동화가 가판대에 올라가 주인을 기다리고 있다. 신상품 무늬 같기도 하고 중고품 무늬 같기도 한 운동화는 상점에 여러 켤레 있다. 봄을 맞이하는 길목처럼 사람과 길 위의 상점들이 하나의 풍경이 되었다. 운동화 파는 상점을 지나면 오래된 라디오하고, 카세트를 파는 상점이 나온다. 봄빛 좋은 날 카세트에서는 흘러간 가요가 봄바람에 실리듯 미끄러져 나온다. '산 너울에 두둥실 홀로 가는 저 구름아 너는 알리라 내 마음을 부평초 같은 마음을…….' 전통가요 가사가 상점 주인의 마음을 대변하듯 봄빛 아래 목청을 돋운다. 부평초 같이 꿈을 좇다 여기까지 흘러들어선 것은 아닐까. 넉넉한 노후주머니를 장롱 깊숙이 넣어두고 오가는 이들과 정을 섞기 위해 나온 것인지도 모른다. 노후주머니가 넉넉하든, 궁핍하든 모두는 부평초 같이 여기까지 흘러온 것은 아닐까. 노랫말이 생각의 꼬리를 길게 만든다.

좀 더 걸어서 공원 안쪽으로 들어섰다. 좌판을 펼쳐 놓고 카메라를 파는 상점이 나온다. 카메라의 퇴색된 얼굴빛이 중고품이라고 말한다. 오래된 카메라의 플래시는 시력이 나빠져 햇빛에 반사되는 눈자위를 깜박거리며 오가는 사람들을 둘러보는 눈치다. 카메라 컬렉터의 눈에 들어오면 귀하신 몸이 될 수 있으려나. 할아버지로 막 들어선 하릴없는 사람들이 하루를 보내려 나온 걸까. 길 위의 상점 주인들의 모습이 봄 햇살에 한가롭다. 손님을 기다리는 눈치는 전혀 없다. 호객행위도 없을뿐더러 지나치는 사람들에게 눈길조차 주지 않는다. 상품을 펼쳐 놓고 체념한 것처럼 서 있다. 개나리꽃이 구색을 갖춰주듯 피었다.

국화빵이 국화꽃이 된 날도 있다. 국화빵집 아주머니는 국화빵을 굽기 위해 부지런히 움직였다. 그나마 제법 장사가 되는 곳은 국화빵집이었다. 보름달 같은 와플도 삼촌처럼 있다. 국화빵집은 길 사이로 두 개가 있다. 잘못 만난 짝 때문에 저 아주머니들은 오늘도 공원의 길 위에서 국화빵을 굽고 있는 것은 아닐까. 금요일에 만나는 공원의 풍경들이다. 어찌된 연유인지 이번 주에는 상점의 메뉴가 전부 바뀌었다. 가판대 위에는 운동화 대신 마네킹이 모자와 선글라스를 눌러 쓰고 표정을 가린 채 올라가 있다. 오래된 카메라 대신 중고시장에서도 보기 드문 낡은 손목시계를 파는 상점도 문을 열었다. 성업 중인 두 개의 국화빵집은 폐점했는지, 아니면 자리를 옮겨 목 좋은 곳으로 이전했는지 보이지 않는다. 국화빵이라도 사면서 말을 건네 볼 걸, 사연이 미궁에 빠질 것 같다.

몇 개의 간판 없는 상점을 거쳐 마지막 상점인 국화 빵집을 지나쳐 왔다. 막바지 길에 가기 전에 시가 있다. 여러 시인의 봄 이야기가 있다. 꽃의 이야기도 있다. 공원을 빠져나가는 길 끝에 섰다. 몇 그루의 키 큰 소나무가 있다. 소나무에는 솔방울이 눈처럼 달려 있다. CCTV의 눈이 돼 오가는 이의 마음에 셔터를 누르는 것일까. 소나무의 솔방울은 커다란 눈동자로 오가는 이들의 마음의 행적을 저장하듯 폐쇄회로처럼 달려 있다. 봄을 앓는 이에게 곁가지가 되어 주겠다는 듯 샅샅이 훑어보는 것 같다. 공원 초입의 벤치에 앉아 있는 사람들과 좌판에 중고품을 파는 사람들 때문일까. 아니면 국화빵을 구워 팔던 아주머니들이 궁금한 탓인지 길 끝에서 마음이 주춤한다. 길 끝에는 상점은 없다. 벤치도 없다. 바로 번화한 도시로 들어서는 길이 나온다. 길 끝에 서자 그가 보이는 듯 했다.

원수연

『월간문학』 등단 (2012년)
한국문인협회, 대표에세이문학회 회원
수상 : 부천신인문학상(2009년), 동서문학상 입상(2010년)
E-mail : wsy931@hanmail.net

전영구

47 종교 같은 사랑

이 사람 이외에는 안 된다는 단호함이 보태져 외골수적인 시각이 부른 사랑의 행보는 실로 아름답다. 그대라야 된다는, 그대라야 이루어질 수 있다는 단호함은 영원할 수 있다는 확신을 주기에 충분하다. 그대 이외에 다른 이는 결코 비집고 들어올 수 없다는 철옹성 같은 마음은 늘 한 곳을 바라보고, 그 한 사람만을 위해 살아간다는 존재론까지 펼쳐 보이면 그 사랑은 위대함을 넘어 거룩해 보이기까지 한다.

가냘프게 드러낸 뽀얀 종아리로 힘차게 페달을 밟으며 버들잎 늘어진 길을 달리면 햇빛도 빙글 도는 바퀴 따라 산책을 나선다. 꿈 많은 시절, CF의 한 장면처럼 펼쳐지는 하얀 교복을 잘 다려 입은 소녀의 자전거 뒤를 헤벌쭉한 기쁨의 웃음을 흘리며, 검은 교모를 눌러 쓴 키 작은 소년이 뒤를 따른다. 첫 만남은 아닌 듯이 보이지만 쉽게 간격이 좁혀지지 않는 두 사람에게는 미소라는 공감대만 흐를 뿐이다. 원래 약속된 동행은 아니었다. 우연히 마주친 모습에 반해, 뒤따르는 무리수를 둔 소년은 무엇에 감전된 듯이 소녀를 쫓아가기 시작한 것이다. 설레는 뒤따름을 감지

한 여유로움은 복잡한 시내에 접어들자 자연스럽게 경로이탈이라는 아쉬움으로 끝이 난다.

초침은 무엇이 그리 바쁜지 찰칵찰칵 지나가고 있다. 물만 몇 잔째 들이키며 제과점 직원이 주는 눈치에 주눅이 들어 딴 짓 하기에 여념이 없다. 쉽게 오리라는 생각은 없었지만 그래도 기다림은 절반의 기쁨을 주고 사라졌다. 운명이라고 말하고 싶은 만남, 친구의 친구라는 인연으로 이어진 아슬아슬한 줄다리기는 기다림이라는 정적을 안겨줬다.

'한 잔의 술을 마시고 우리는 목마를 타고 떠난 숙녀의 옷자락을 이야기 한다' 어렵게 전해 온 시詩 한편, 버지니아 울프는 나에게 무슨 메시지를 전하려고 한 걸까? 보이지 않음이 더 절실함을 낳고, 절제된 언어가 더한 그리움을 낳았다.

어둠이 스민 밤거리에서의 우연한 스침, 순간 멈춰서 버린 발걸음. 어디에 두어야 좋을지 모를 눈동자는 흔들리고, 가슴은 나락으로 곤두박질치고 있었다. 바라보기만도 벅찬 시간. 순간 스치는 가슴의 요동이 내게 되물었다. 싫은 걸까? 아니 싫은 건 아닌 거 같은데…….

"어디……." "그냥……."

멍청한 답이었다는 걸 느낀 두 눈에는 매몰차게 돌아서서 뛰어가는 단발머리의 출렁임만이 가득 차 있었다.

갈 길이 다른 선택은 슬픔 아니면 고통이겠지 했지만, 남긴 여운이 주는 고문은 감당하기 힘든 황폐로 이어졌다. 술잔의 파장에 따라 움직이는 얼굴, 술기운 따라 나타나는 환영, 어디를 가나, 무엇을 하나, 곁에서 머무르는 느낌은 한 사람밖에는 눈에 차지 않는 괴현상이 쉽게 사라지지 않았다. 그 사람만이 가득 차 있는 뇌구조를 이해 할 수 없었다. 자주 흐려지는 안구를 탓하고, 휘청거리는 걸음을 탓해야 그때 뿐이라는 것은 긴 시간을 허비한 후에야 알게 되었다. 간혹은 스치는 바람에 느낄 수 있을까도 생각해 보고, 우연한 스침이 다시 이뤄지는 기적을 바라기에는 많은 시간이 기억을 희석시켜 버리고 말았다.

아픔도 서서히 잊혀질 때쯤, 걸려온 전화 속 친구의 목소리는 "어떡하니, 그 애는 이제 여자의 길로 가버렸는데……." 뿐이었다. 수화기는 손에서 떨어져 부서지고, 그만큼 가슴도 무너져 내렸지만, 이내 청춘을 허비했다는 아쉬움보다, 기다림의 대상이 없어졌다는 허무보다, 홀가분하다는 생각이 앞서는 건 무슨 조화인지 모를 일이었다. 처음 만남 이 후, 몇 천일이 지나서야 알게 된 존재의 안착에 그 날 술잔은 이상하리만치 침묵을 지켰다. 두 손 모으던 기원도 필요성을 잃고, 오로지라는 간절함도 가치 추락이라는 아픔을 건네 왔다.

외줄을 타는 심정으로 견뎌 온 사랑은 실체는 있지만 마음 속에서 더 이상은 실존하지 않는 무형의 환영처럼 남아있다. 사랑이라기보다 전부였다는 표현이 더 어울리던 숙명 같던 만남은 세월로 낡아진 인연의 끈처럼 무심하게 끊어져 버렸지만, 한동안 격정의 세월을 타고 흘러 잔잔한 행복에 올라앉아 지금에서야 뒤를 돌아보니 한 때는 이런 앓이가 숭고해 보인다. 접고, 접어 가슴 속 어느 한 모퉁이 숨겨놓아야 했던 시간이 흘리고 간 추억 속 그 사람도, 잊고 싶은 추억은 아니기를 바라는 이기주의적인 소심함은 세월이 내게 안겨 준 마지막 선물이었다.

전영구

『월간문학』 수필 등단 (2013년), 『문학시대』 시 등단
한국문인협회 권익옹호위원, 국제펜 한국본부, 한국수필가협회, 가톨릭 문인회, 경기시인협회 회원, 계간 문파문학 편집국장
수상 : 문파문학상, 동남문학상, 저서 : 시집 『애작』외 3권
E-mail : time99223@hanmail.net

김기자

48

껍데기

처음에는 몰랐다. 굽은 몸을 간신히 기댄 채 밀고 가는 유모차에 왜 아기를 태우지 않았는지. 상황파악이 된 후로는 남의 일 같지가 않다. 다리에 힘이 없으니 유모차 바퀴의 힘을 빌어서라도 더딘 걸음을 옮겨야 하는 노인의 처지를 보면서 먼 훗날의 내 모습을 그려보게 되었다. 나도 저렇게 변할 지 모른다는 서글픔이 밀려온다. 혼란스런 마음은 늙어가는 것에 대해 생각이 많아지기 시작했다.

빠른 걸음은 아니더라도 그렇게나마 움직일 수 있다는 것은 어쩌면 다행스런 일이다. 늙고 약해진다는 것은 슬픈 일일 뿐더러 아예 바깥출입이 제한될 경우 얼마나 절망이겠는가. 노인의 알맹이는, 건강과 청춘은 어느 때 어디로 사라져 간 걸까.

시장에 가보면 사람이 지나는 곳 어디서든 조그만 좌판을 만난다. 앉은자리에서 고작 몇 뼘 정도를 차지한 채 물건을 팔고 있는 노인을 볼 수 있다. 푸성귀이거나 홉으로 파는 곡식 따위가 전부다. 집에서 편히 지낼 연세이건만 더운 날 추운 날 가리지 않고 장사를 나오는 이유가 궁금하다. 일이 좋아서일까, 아니면 꼭 돈을 벌어야만 하는 걸까. 스스로 생활비를 마련해야 하는 처지라면 고생스러운 모습이 애처롭다. 더 늙고 병이라도 들면 어떻게 하나. 그 분의 자식들은 이 상황을 알고나 있는지, 아니면 그도 저도 드러낼 수 없이 방관할 수밖에 없는 처지인지 궁금하다.

이곳 저곳에서 만나게 되는 노인의 모습이 예사롭지가 않다. 그 분들의 젊은 날이 궁금하다. 뜨거운 여름날을 지나 가을날의 추수를 거치듯 나름대로 인생의 묘미에 빠졌던 시간도 분명히 있었을 것이다. 굽어진 등허리에 세월의 무게가 자리한 채 그것을 말해주는 듯하다. 지나간 무수한 날들은 자식들 먹이고 입히고 공부뒷바라지에 출가시키느라 아마 세월 가는 줄도 몰랐을 것이다. 퇴색된 젊음이 삶의 훈장인 양 귀하게 여겨진다. 바스라질 정도의 낡은 육신을 이끌고도 내색 않으며 살아가는 모습은 어쩌면 마지막까지 숭고하다. 그것만이 내가 던질 수 있는 깊은 위로이다.

노인의 모습은 마치 껍질을 두른 고목 같다. 자식들을 지켜내기 위해 온갖 시련을 이겨낸 몸은 이제 메마르고 작아지기에 바쁜 시간이다. 그런데 이상하다. 우람한 거목의 형상으로 다가오고 있음에 내 마음은 놀라게 되었다. 울퉁불퉁 갈라지면서까지 수분과 영양을 모두 몸속으로 흡수해오며 견뎌온 모습은 보기에도 존경스런 삶이 아니던가. 이제는 푸르던 삶을 모두 내려놓은 듯 차분함마저 엿보인다. 얼굴에 내려앉은 세월의 흔적이 말을 하고 있다.

나 역시 열심히 살아왔다. 이제는 자연스레 껍데기로 치닫고 있을 만큼의 길 위에 서기 시작했다. 머리에는 거부할 수 없는 서리가 하얗게 내려앉고 있다. 집안에는 나를 닮은 손녀가 생겨나와 구석구석 웃음을 선물하고 있으니 시간 가는 줄 모른다. 이보다 더 좋은 날은 없을 것이다. 알맹이를 지키기 위해 살아왔던 날들은 비록 지금의 나에게 껍데기라는 별칭을 준다 해도 전혀 거북하지가 않다. 한층 인생의 깊은 맛에 빠져들고 있는 시간이다. 내 스스로 알게 된 부모의 본성은 주고 또 채워주어도 아쉽기만 한 자식에 대한 사랑이라 말하고 싶다. 하지만 그릇되고 맹목적인 방법은 늘 조심하고자 한다.

탐스런 사과를 크게 한 입 베어 문다. 하얀 속살은 상큼한 맛과 함께 머릿속까지 향기를 전해준다. 이런 맛을 얻기까지 얼마나 많은 햇볕을 견뎌냈을까. 마치 부모가 자녀를 기르며 양육하는 과정과 흡사하다는 생각이다. 장성한 아들과 딸을 바라보며 지금껏 살아오는 동안 크거나 작게 겪어왔던 삶의 애환이 조용히 물결 되어 밀려온다. 돌아볼수록 감사할 뿐이다. 거친 세상에서 힘들었던 날들을 이겨내며 살아온 것은 바로 자식을 보호하기 위한 것이었다고 자부한다. 부모의 역할이 그만큼 중요하다.

모든 생물은 껍질을 보유하고 있다. 각양각색으로 저마다의 특성을 지닌 채 순간순간 외부로부터의 변화에 대응해 간다. 사람의 삶도 마찬가지이다. 단단해지기 위하여 비바람에도, 뜨거운 태양에도 자신의 속을 지켜내기 위해 치열하게 살아간다. 결과는 인생의 늦은 길에서 노을처럼 황혼이란 빛으로 다가와 마음을 차분하게 만들어 준다.

조용히 사색에 빠져든다. 무엇엔가 의지해야만 걸어가는 노인을 보며 지나가버린 그분의 젊음을 함께 아쉬워한다. 또 다른 내 인생의 그림자를 지켜보는 듯하다. 사위어 가는 내 젊음이 아깝다 한들 붙잡지 못하는 사실 앞에 서 있다. 가벼운 마음으로 순순히 받아들이는 거다. 육신을 거느리는 껍데기의 삶이 얼마 남지 않았다 해도 세상사람 모두들 그 길을 가고 있지 않은가. 허망하다기 보다 내려놓는 가벼움을 터득하기로 마음먹는다.

내가 껍질이라 하여도 두려워 않고자 한다. 하지만 내 안의 알맹이들은 이런 어미의 마음을 헤아리지 못할 것이다. 물론 나도 그랬었다. 생명을 주신 부모님이 이 세상을 떠나신 후에야 내가 알맹이였다는 사실을 알았다. 이제는 스스로 껍데기의 역할에 자랑을 싣는다. 지나온 날의 회한에 빠진다 해도 인생의 석양빛은 아름다운 것이다. 진정으로 나를 돌아보는 시간이다. 비록 육신은 낡아지지만 삶에 담긴 지혜는 나날이 알차게 변하여 가고 있음을 흡족해 한다. 남은 시간 동안 껍데기의 몫이라 할지라도 충실하고 싶다.

김기자

1958년 경상북도 문경 출생, 방송통신대학 국어국문학과 졸업
『월간문학』 수필 등단 (2013년)
현재 충주시 거주
E-mail : kkj8856@hanmail.net

내가 먼저 할 일은 나 자신에게
진실해야 한다는 점이다.

어찌 자신이 진실치 못하면서 남이 나에게
진실하기를 바라겠는가?

만일 그대가 그대에게 진실하다면
밤이 낮을 따르듯
아무도 그대에게 거짓말을
하지 않게 될 것이다.

셰익스피어

대표에세이

대표에세이 작고 문인 작품 4편

選集

故 장생주

故 심영구

故 배석권

故 안태현

대표에세이 30주년, 그 곱다한 시간의 흔적 속에는 작고라는 안타까운 의미의 동인들이 숨쉬고 있다. 그리운 이들이 우리에게 남긴 정겨운 말들을 경건한 마음으로 듣고 추모의 손을 모은다.

지연희 | 시인, 수필가

故 장생주

49
한 잔 차에 실은 사연

한 잔 차가 그리워지는 시각이다. 조용히 차관에 찻잎을 약간 넣고 더운 물을 붓는다. 김이 몽실몽실 피어오른다. 향기가 사물사물 피어난다. 향침이 돈다.

오늘 따라 유난히 그 색이 곱다. 백자 찻잔에 일렁이는 파르스름한 물. 물은 물이되 물빛이 아니요 찻잎 우려진 물이되 푸른빛이 아닌 물빛도 같고 풀빛도 같은 연하디 연한 색깔이다.

지리산에서 무등산에서 해와 달과 바람을 벗하며 설레던 꿈을 안으로 안으로만 삭이던 차나무의 어린 잎새의 그 고운 자색이다. 빛에 반하고 색에 취하여 무심코 들여다보는 찻잔에 번지는 실안개 같은 향기가 후각을 자극한다. 가만히 만져보는 찻잔의 감촉. 어쩌면 살며시 잡아 보는 아내의 손길처럼 보드랍다.

나는 듯 마는 듯 그 은근한 진향에 취하면서 차를 살짝 한 모금 마셔본다. 맛이 있는 듯 없는 듯 어쩌면 단것도 같고 어쩌면 풀내 같은 담백한 맛이다. 자극성 많고 감미로운 커피맛과는 전혀 다른 은은하면서도 형용할 길 없는 맛이다. 한 모금 또 한 모금 삶을 음미하고 사랑을 얘기하며 조용히 맛보는 맛이다. 그러다가 황홀한 경지에 이르게 하는 진미이다. 시고 달고 쓰고 짜고 떨떠름한 다섯 가지 맛이 한 데 어울려 조화를 이룬 맛이랄까. 그 맛은 어쩌면 야생의 맛이요 나이가 들어 갈수록 덕스러워 보이는 후덕한 여인네와 같은 맛이다. 가까이 할수록 정겹고 음미할수록 깊이 빠져드는 맛이다. 취할수록 숙연해지고 취할수록 정신이 맑아지는 맛이다.

"선인과 사람과 귀인이 다 같이 사랑하고 아꼈으며 그 됨됨이가 참으로 귀이 하여 염제 신농조차 식경食經에 적었다."는 초의의 얘기가 아니더라도 예부터 수많은 선승이며 선비며 왕족들이 그 맛에 취하고 향에 취했다.

鼎食隨時進 百和妙具殊
芳茶冠六情 溢味播九區
장 맹양은 그 맛에 취했고,

厚皇嘉樹配橘德 受命不遷生南國
密葉鬪霰貫冬青 素花濯霜發秋榮
姑射仙子粉肌潔 閻浮檀金芳心結
초의선사는 그 덕에 취했다.

어찌 그뿐이랴 초의는 '차 고르기를 마치 부처님 고르듯 하였나니 일창 일기만을 골라 땄고 초배抄焙를 정갈하게 하여 그 신령함을 얻어 향기를 바라밀의 경지에 들게 하였더라, 이 비방은 오백년의 전통을 지닌 것이니 어찌 옛사람의 슬기로운 복을 품었다 아니하리요 그 맛이 진짜 것보다 더 좋더라, 불멸에 앞서서, 불생不生을 한탄하지 아니하나니 차가 이렇게 좋은데 어찌 사랑하지 않으리오. 옥천칠완玉泉七椀이 오히려 부족하구나, 헛되게 아무에게나, 이런 말 말라, 산 속의 차가 밖으로 샐까 하노라……'. 하였으니 가히 다선일미요 다선일체라 아니 할 수 없다.

차를 대할 때마다 생각나는 이가 있다. 다산 정약용 선생이시다. 선생께선 실로 위대한 학자요 문인이며 다도에도 신선의 경지에 이르신 분이다. 다산 선생께선 40세가 되던 해 초겨울에 이곳 전라도 강진 땅으로 귀양을 오셨다. 선생께서 처음으로 발붙였던 곳은 바로 지금 내가 살고 있는 동문 밖 어느 주막집이었다. 선생께선 그 주막에서 주막집 노파의 장부도 정리해 주고 마을 아이들도 가르치며 유배지의 한을 삭이고 있었다. 그러다가 이곳에 오신지 4년 만에 처음으로 30리 밖에 있던 만덕산 백련사를 찾아갔다가 혜장스님을 만나게 되었다. 선생께선 혜장과 만남으로서 차를 가까이하게 되었으며 나중에 이곳 마을 뒤, 북산너머 고성사에 들어가 주역에 몰두하는 한편 손수 차를 끓이곤 하셨다.

그 후 47세 되던 해엔 아예 혜장이 있던 백련사 고개 넘어 다산 산기슭에 있던 윤 단의 초당으로 거처를 옮겼다. 이때부터 선생께선 더욱 더 학구에만 전념하시어 경세유표, 목민심서 등의 책을 저술하시는 한편, 다도에도 더욱 더 심취하게 되었다. 그런데 뜻밖에 혜장이 죽자 한때 큰 슬픔을 참고 달래다가 다행히 초의스님을 만나게 되었다. 다산과 초의와의 만남. 동다기를 쓴 다산과 동다송과 다신전을 쓴 초의의 교분은 학문은 물론 다도에도 달인의 경지에까지 이르게 했다.

다산선생은 정말 차를 아는 분이셨다. 초당 주변에 손수 차나무를 심고 가꾸면서 초당 뜰 앞에 차를 끓이는 다조바위를 마련하고 솔방울을 사루어 차를 끓여 마시곤 하셨다. 아무도 찾는 이 없는 고적한 유배지에서 아침저녁 그리고 깊은 밤 그 무료한 시간이면 솔바람소리 산짐승소리, 우렛소리를 벗하며 한 잔 차에 모든 시름을 다 묻어 두고 유유자적하셨을 선생의 모습은 가히 성자의 고결한 기품이 아니었던가 싶다. 선생께서는 후에 유배가 풀려 경기도 마현 시골집으로 돌아가시면서도 이곳 제자들과의 정을 생각해서 다신계를 조직하여 제자들로 하여금 봄여름이면 차나무의 잎을 따서 차를 만들면서 시회를 열거하고 가을이면 초당 지붕을 이으면서 계사를 치르도록 하여 두고두고 우의를 다지도록 하였으니, 실로 다향처럼 그윽한 선생의 덕이 더욱 우러러 보이기만 한다.

지금도 이곳 강진엔 차나무가 많다. 월출산 기슭엔 기업다원이 있어 설록차가 대량 생산되고, 우두봉 밑 농고 다원에선 녹차를 생산한다. 그리고 다산선생이 살다 가신 북산이며 백련사며 다산초당 주위엔 야생 차나무가 시나브로 자라고 있다.

그럴싸 그러한지 차나무는 그 자태가 고결해서 좋다. 깨끗한 줄기, 번들거리지 않고 수수하면서도 푸른 잎새. 그리고 찬 서리에 더욱 하얀 백색의 꽃이며 옹골진 열매. 그 어느 것 하나 흐트러짐이 없는 선비 같은 태깔이요 겸허한 스님의 허허로운 모습이다.

차나무는 덕을 지녔다. 그는 아무데서나 살지 않는다. 그는 깨끗한 곳 온화한 뿌리를 좋아한다. 들녘보다는 산을, 그것도 신령한 명산의 고슬고슬한 기슭에 뿌리를 내리고 한눈 팔지 않고 제 분수만을 지킨다. 아무리 모진

풍상이 닥쳐와도 그저 바보스러울 만큼 참고 기다리며 산다. 기름진 옥토를 탐내지도 않으며 호사스러운 자색을 부러워하지도 않는다. 그저 제 본향에서 그 뉘가 알아주는 이 없어도 이른 봄 그 여린 잎을 틔워 어느 이름 모를 수도승의 손길에 작설차가 되어도 그만이요 전차가 되어도 그만이다. 설령 마소의 말굽에 짓밟히고 초동의 낫에 무참히 베어진다해도 그는 서러워하지 않는다. 그저 있는 듯 없는 듯 있는 곳에서 누군가를 위해 기다리며 덕을 쌓고 있는 성자요 수도승이다. 그러기에 그는 예부터 혼례청에서 제삿상에서 승방에서 우리 조상들의 큰 사랑을 받아왔다.

다시 찻잔을 기울인다. 또 다시 물을 따라 우려먹는 차의 맛, 되씹고 되씹으면 심심해지는 게 보통의 음식 맛이련만 이건 아무리 맛보아도 제 맛이요 오히려 진향이 우러나 진미가 솟구친다.

내 아직은 그 깊고 오묘한 참 맛은 터득하지 못한 터다. 그러나 차를 대하면 마음이 한없이 가라앉고 온갖 잡념이 사라진다. 불과 물과 차나무의 잎이 조화를 이루어 창출해내는 색과 맛과 향의 향연에 심취하다보면 세상의 모든 탐욕과 위선과 고민이 눈 녹듯 사라진다. 그리고 늘 수도승의 청정한 마음처럼 기도하는 마음이 된다. 게다가 몸에 좋고 여든 살 노인의 양 빰이 홍도처럼 붉어지는 장수식품이라니 그 아니 좋은가.

이제 양 겨드랑이에서 맑고 시원한 바람이 나옴을 깨닫고 몸이 새털처럼 가벼워지는 경지에 이르지는 못할지라도, 한 잔 차를 마시면서 차의 맛처럼 향처럼 색처럼 좋은 글을 썼으면 더욱 큰 청복이겠다.

故 장생주

『월간문학』 수필 등단 (1987년)
수상 : 강진교육상, 전남문학상
저서 : 수필집『허공을 지나는 한 점 바람』,『이 잘 될 놈아』,『할 수 있다고 믿는 자가 승리한다』,『황토에 부는 바람』 공저
전기집『다산 정약용』,『광주, 전남 향토기업인의 전기』 공저
2012년 작고

故 심영구

50
유아독존

평생 살아가는데 농을 하고 지낼 수 있는 친구가 셋만 있으면 행복하다고 했다. 그러나 현대인들은 객지로 전전하고 빈번히 자리를 옮기며 직장생활을 하다 보니 의기투합하며 흉허물 없이 사귀고 지낼 수 있는 녹록한 농벗을 갖기가 그리 쉽지 않다.

사범학교 동기모임에서다.

이제 모두 퇴임한 백수의 교장들이지만 모이면 옛 학창 시절의 동심으로 돌아간다. 언젠가는 모여서 화투판을 벌이느라 조교장은 여기에 앉고 지교장은 저기하며 자리를 정해 주고는 "조, 지, 로, 구, 나, 조, 지, 로, 구, 나 趙氏, 池氏, 魯氏, 具氏, 羅氏 잘 앉았다"고 해댔다.

다음 앉은 패에게는 "같은 자손들끼리가 아닌가, 여기는 강姜씨, 박朴씨, 송宋씨이니 모두 강아지, 박아지, 송아지들인 아지 자손들이고, 요기는 손가락, 발가락, 젓가락, 숟가락 등 온갖 잡동사니 가락 자손들이군! 그러데 장張-獐노루, 조趙-蚤벼룩, 서徐-鼠생쥐, 문文-蚊모기, 원元-猿숭이가 안 왔어" 해서 온통 박장대소를 했다.

이런 농은 예부터 선인들로부터 해오던 성씨에 대한 차별화 개념에서였다. 사실 우리는 동성동본은 백대지친이라고 해서 일가라 하며 일체감, 동질감을 강조하지만 따지고 보면 그렇지만도 않다.

'고집이 세기로는 안, 강, 최를 따를 수 없느니 심무악인沈無惡人이며 송무둔인宋無鈍人이라'고 하지만 모두 헛소리요. 공씨라고 해서 모두 성현이라던가?

나는 청송심문의 24대가 되지만 내가 있기까지는 고려 말에 창성을 하신 시조까지만 해도 정확히 16,777,215분의 유전자가 내 몸 속에 흐르고 있는 셈이요 10대를 더 거슬러 간 성씨라면 불과 7, 8백년밖에는 안 되지만 무려 3천 5백만여 명의 피를 이어 받았으며, 비록 씨족 개념은 한 핏줄이라고 해도 그 구성요소는 이질체일 뿐이다.

인류가 발생한 이래 면면히 이어온 그 인자는 헤아릴 수 없는 천문학적 숫자가 될 것이다. 그러니 아직까지 이 세상 어느 구석에서도 똑같이 생긴 사람이나 같은 개성을 가진 사람은 한 사람도 찾아볼 수 없다. 그렇기에 삼신할머니의 심오한 조화라고밖에 달리 변명할 수가 없다.

나는 세상에 신의 존재를 믿을 수가 없어 신심이 없다가도 오묘한 생명체라든가 우주 만물의 창조에 생각이 머물 때면 절대 전능한 신의 존재를 인정하지 않을 수가 없다. 이토록 위대한 신의 섭리를 거역하며 과학의 힘으로 사람을 마음대로 복제해 낸다면 이 세상은 얼마나 삭막할까.

내 어느 면을 보아도 탐탁한 데라고는 한 구석도 없다. 그래서 늘 주눅이 들어 산다. 그러니 사람들은 제 잘난 멋에 산다고 하지만 나는 나 못난 멋에 산다고 해야 옳다.

키가 훤칠한가. 인물이 준수한가. 그러니 헌헌장부 앞에서는 항상 기가 죽고 힘이 세고 용맹한 사람 앞에서도 주눅이 들고 머리가 명석하고 기억력이 우수한 사람 앞에서도 주눅이 든다. 내 집 전화번호도 긴가 민가 하는데 남의 집 전화번호를 줄줄이 외우는 걸 볼 때도 그렇다. 몇 개 외국어를 능통히 구사하는데 나는 한글의 맞춤법마저 잘 모른다. 더욱이 지체부자유아를 데려다 기르는 사람을 보면 그 성스런 마음씨에 머리가 숙여진다. 회의석상에서 청산유수로 말 잘하는 사람을 보면 어눌한 내 말솜씨에 대해서도 그렇고 넉살과 변죽 좋은 사람 앞에서도 숫기가 없는 것을 한한다. 이토록 내 못난 점을 열거하자면 한도 없고 끝도 없다.

특히 여흥의 자리나 관광버스에서 토막돌림의 노래를 할 때면 사뭇 쥐구멍이라도 파고들어 갈 심정이다. 남은 100여 곡의 노래를 마음대로 부르는데 나는 그 흔한 유행가 하나 부르는 게 없다. 오직 애국가가 고작이다.

아무리 천치바보라 한들 이 방면에 나같이 무재주가 또 있을까. 그러니 세계 인구까지는 그만두어도 우리 4,500만명 중 노래점수를 매긴다면 단연 꼴찌다. 하늘을 원망도 해 보지만 그렇지만도 않다. 내가 노래를 못 부르는 덕에 나 이외 44,999,999명들은 얼마나 흡족하고 의기양양할 것인가. 그러니 나는 이들에게 크나큰 보시를 하고 있는 셈이다. 그러나 역으로 차례를 매긴다면 꼴찌가 아니라 당당히 1등이다. 이러니 '무용이 유용이라'는 말처럼 못난 멋으로 산다고 해야 옳을까.

비록 제일 못났어도 이 세상에서 무엇이나 나만이 해야 할 역할과 나만이 가지고 있는 개성과 형체의 위대한 존재가 될 수밖에 없다. 뿐만 아니라 수십 수백억년을 지난다 해도 나 같은 존재, 나 같이 살다간 사람은 두 번 다시 없을 유일무이하고 전무후무한 존재일 수밖에 없다.

우리의 명기명월의 복제품이 한 사람만 더 있다 해도 이미 명기가 될 수 없으며 하물며 수십 수백으로 다식 박듯 쏟아낸다면 참으로 가공할 세상이 될 게 아닌가. 그렇게 되면 애꾸눈이나 박씨부인 같은 추녀가 당당히 미인으로 선망이 될 것이다. 어찌 이것이 사람 만에 한한 것인가. 똑같은 금강산이 여기저기 있다고 하면 이미 이 산은 금강산이 아니다.

하물며 복제된 자연도 그렇건만 복제된 사람이 우글거리는 세상이란 여름 변소간의 구더기 같은 존재와 다를 게 없지 않을까. 비록 성씨마저 각성바지가 모여야만 '조, 지, 로, 구, 나'라는 희언이 되는데 사람 또한 각양각태가 모여야 사회가 구성되고, 조화를 이루어 만화방창이 되는 게 아니겠는가.

동성동본이 백대지친은 될 수 있어도 동성동본이 백대지동은 될 수 없듯, 세계 모든 사람이 천태만상은 될 수 있어도 만인지동이 된다면 너무 끔찍한 일이 아닐 수 없다.

그렇다, 못났어도 내 몸 속에서는 수만의 조상으로부터 신에 의해 수억의 인자가 집합과 분열을 통하여 수 만년을 걸쳐 이루어진 가장 위대한 독창적 피조물이다. 이렇기에 나는 누구와도 바꿀 수 없는, 아무도 모방할 수 없는 유아독존이다. 그러니 세상에 존재할 가치가 있고, 살아야 할 의미가 있지 않겠는가?

故 심영구

『월간문학』 수필 등단 (1988년)
경기도 양평 출생, 동국대학교 국문과, 대학원 졸업, 다년간 대학 등, 교직에 종사, 서울특별시 교육위원회 초대, 2대 교육위원, 서현회장(서예 10여 회 전시), 백미문학회장(문학세미나 및 문학기행 등 행사 20여 회), 문협 및 P.E.N. 한국수필가협회 이사 및 감사
수상 : 노산문학상, 한국수필문학상 등 다수

故 배석권

51

기와지붕의 곡선

얼마 전에 나는 남해 금산엘 갔었다. 불타는 단풍 속에서 선線에 빠져 있는 듯한 조그만 암자가 가을의 절정을 받고 있었다. 기와 불사가 있어서 나는 가족들의 이름을 써넣었다. 기복사상이라 할지 몰라도 기와 뒷면에 이름을 써넣은 것은 굳이 복을 바란다기보다 절을 짓는 일에 조금이라도 보탬이 되지 않을까 싶었기 때문이다.

절을 볼 때마다 감탄하는 것은 어느 산이나 산의 중심에 절이 앉아 있다는 것이다. 양 갈래 물이 흘러오다 만나는 합수合水머리에 연꽃처럼 피어 있는 절의 모습을 본다. 산세에 따라서 계곡에 따라서 거기에 너무 잘 어울리고 합당한 자리에 절이 있음을 보면, 자연과 절이 저렇게 조화를 이룰 수 있을까 새삼스레 놀라움을 금할 수 없다.

산의 깊은 명상과 산세에 조금도 거슬리지 않게 조용히 자리 잡은 모습은 오랫동안 자연과 호흡을 맞춰 온 마음의 눈이 없고서는 어림도 없는 일이다. 옥수수 꽃대에 사뿐히 내려앉은 잠자리처럼 눈치 채지 않게 자연스레 앉아 있는 그 모습…….

절의 한 중심에 대웅전이 들어서고, 그 중심에 부처가 모셔져 있는 것이라면, 산마다 그 마음 한가운데엔 부처가 자리 잡고 있는 셈이 된다. 만년의 침묵과 명상의 자태를 보여 주는 산의 마음 한복판에 세속을 벗어난 깨달음이 자리 잡고 있는 것이리라.

어느 절을 들어서도 한 가지로 느껴지는 것은 고요 속, 아니 적막 속을 걷고 있다는 기분이다. 절 뜨락의 중심에 하늘로 솟아오른 탑이 서 있고, 절의 한가운데 대웅전 기와지붕 외곽의 풍경이 한가롭게 달려 있다. 댕그랑 댕그랑 들릴락 말락, 풍경은 맑은 소리를 허공에 뿌린다. 그 풍경을 바라보면서 눈은 나도 모르게 기와지붕의 선형線型을 타고 푸른 하늘에 머문다. 절이나 집의 머리가 지붕이라면 한옥의 기와는 갓에 해당된다고나 할까. 한옥의 지붕은 대개 기와이거나 짚으로 만들었다. 흑백의 단조로움을 취하고 있어 화려하거나 요란스럽지 않고 정갈하고도 단아하다.

집이란 어느 민족이나 오랜 세월, 삶의 체험으로 이룩한 총체적인 문화의 한 모습을 보여 준다. 그 겨레의 마음을 은근히 표현해 놓은 것이 지붕이라 하지 않을 수 없다. 지붕은 공중에 떠 있으면서 하늘을 바라보고 있다. 땅에서 치올라간 기둥들이 지붕을 떠받치고 있다. 땅과 하늘의 중간 위치에 자리 잡아 사람의 마음을 땅과 하늘에 연결시켜 주고 있다.

수십 년 만에 외국에서 돌아와 찾아간 고향집 기와지붕 너머로 뒷동산과 감나무 위에 까치집이 보이고, 막 저녁놀이 넘어갈 때 어떤 시인은 그만 땅에 주저앉아 울고 말았다는 얘기를 들은 적이 있다. 기와집은 한국인의 마음속에 자리 잡은 보금자리가 아닐 수 없다.

한옥의 기와지붕 선형線型은 가히 선線의 미학美學을 보여 준다. 눈이 내려 덮였을 때 백설 속에 선명히 드러나는 기와지붕의 완곡미는 가야금

가락처럼 절묘한 느낌을 안겨 준다.

하늘이나 뒷동산을 배경으로 가장 선명하게 나타나는 용마루의 곡선은 기둥에서 솟아오르는 직선의 힘과 지붕의 물결치는 듯한 곡선의 힘과 부딪쳐 일으키는 조화의 리듬과 미美를 그대로 하늘에 피워 놓는 연꽃이다.

기와지붕은 굽이치는 뒷동산의 산세와 논두렁 밭두렁의 물결치는 곡선들과도 조화를 이뤄, 한 폭의 그림 같다.

암키와는 반월형으로 아래로 깔리고, 수키와와 두 암키와가 좌우에서 만나는 부분에 덮인다. 이와 같이 기와들은 아래에서 깔리고 그 위로 덮여 기와지붕의 은은한 형을 이룩하면서 용마루에서 흘러내려 처마 끝의 수막새에서 끝나고 있다. 기와지붕의 물결치는 듯한 곡선은 바로 우리 땅을 적시고 흘러가는 시냇물의 곡선이며, 봄바람에 움을 틔우는 수양버들의 부드러운 곡선이며 뒷동산의 곡선과도 닮아 있다. 그래서 기와지붕의 곡선은 우리에게 가장 편안한 느낌을 안겨 주고 고요한 안식과 호젓한 맛을 느끼게 한다. 그 곡선이란 게 어디서나 볼 수 있는 산 능선과 고향의 시냇물과 한복의 맵시와 그리고 떡살 절구통의, 장독간 김치항아리와도 호흡을 맞추고 있어 아마도 우리 겨레가 터득해 낸 가장 오묘하고도 깊은 삶의 가락이 지붕에 얹혀진 게 아닐까 여겨진다.

신라 고분이나 가야 고분, 혹은 백제 유적지에서 출토된 기왓장들, 깨어진 채로 보여주는 그 파편들에서 우리는 선조들의 미의식을 발견한다. 기와엔 여러 가지 문양이 등장하고 있다. 도깨비, 태극무늬, 봉황, 불로초, 인동초, 연꽃, 사람의 얼굴 등 다채롭기만 하다.

한옥 지붕의 기와는 늘 하늘을 향하고 있어 땅에서도 눈여겨보지 않으면 잘 분간하기 어렵게 공중에 떠 있다. 그런데도 기왓장에다 정성을 다해 문양을 새겨 놓은 이유는 무엇일까? 그것은 바로 우리의 마음을 하늘에 보여 주려고 한 것이 아닐까. 지붕은 늘 하늘과 대면하고 있어서 인간의 염원을 담아 이를 알아 달라는 뜻에서 아로새겨 놓은 것인지도 모른다.

하늘에 바치는 마음의 공양으로, 영원에 대한 갈구와 인간적인 소망을 새긴 것이 기와의 문양이 아닐까 생각된다. 연꽃 문양의 기와는 꼭 떡살처럼 다정한 체온을 느끼게 하며, 귀면와鬼面瓦는 괴기하면서도 친근감을 준다. 기와 문양이야말로 하늘에 알리는 한국인의 마음이 아닐 수 없다.

멀리 바다를 굽어보며 단풍 속에 자리 잡은 외딴 암자에서, 기왓장 뒷면에 식구들의 이름을 쓰면서 나는 이 기와들이 올려진 지붕을 상상해 본다. 물론 식구들의 이름을 쓴 속뜻이야 우리 식구들의 선행을 베풀고 쓸모 있는 사람이 되어 주었으면 하는 마음을 담았음도 숨길 수는 없다. 다만 식구들의 이름이 씌어진 기왓장들이 기와지붕의 곡선이 되어 영원의 하늘을 바라보고 있을 것이란 생각을 하면, 마음이 절로 정갈해진다.

절의 기와지붕을 이루는 기왓장마다에 사람들의 이름이 하나하나 씌어져 있다는 것을 생각하면, 기와지붕의 곡선은 수많은 사람들의 마음속에서 솟아난 것임을 깨닫게 한다.

기와지붕을 보면서, 나도 지붕의 곡선처럼 부드럽고 평온한 가락으로 살아갈 수 없을까를 생각해 보곤 한다.

故 배석권

『월간문학』 수필 등단 (1990년)
부산동구문화예술인협회장 역임
수상 : 동포문학상, 탐미문학상
저서 : 수필 『묵은 생각 속의 빛』, 『국사봉을 바라보며』
2007년 작고

故 안태현

52
모자를 쓰면서

겨울은 더 이상 나의 계절이 아니었다. 이전의 나에게는, 한여름은 흐르는 땀을 주체 못해 곤욕을 치르던 철이었고 겨울은 시원한 대기아래 활기 넘치던 계절이었다. 세월의 무상한 변화는 막을 길이 없었다. 이순 무렵, 야외 스케이팅에서 마주친 찬바람은 예전과는 달리 숨 막히게 시리고 몹시 매웠다. 겨울의 사나이를 자처하던 체질은 여름으로 옮겨가고 있었다.

삼 년 전 겨울이었다. 모자가게를 두리번거리기를 몇 해만에 나는 외출할 때 쓸 모자 하나를 사왔다. 겨울철만 되면 성인병의 발병 위협에 경종을 울리던 매스컴의 소리가 남의 일 같지 않게 느껴지면서 머리를 방한할 때가 되었다 싶어서였다. 몰아치는 삭풍이 듬성듬성 덮인 반백의 머리칼을 흩날릴 때면 그 모습이 처절하고 마음도 처량하여 곱지 않은 대머리를 감추어 주고 싶었다.

지금도 그렇지만, 우리시대의 사람들은 일상의 사회생활에서 거지반 모자와는 인연이 없었다. 1950년대 중반 '파나마모자'가 잠시 유행한 적은 있었으나, 중절모가 우리의 선대 사회를 풍미하던 20세기 초반의 그런 유행을 우리는 모르고 살았다. 오래된 습관을 깨치기란 쉬운 일이 아니었다. 처음 장만한 내 모자는 등산모나 운동모를 쓰듯 마음 편히 쉽게 쓰이지 않았다. 공연히 쑥스럽고 남을 의식하였다. 게다가 모자는 둥근 내 얼굴에 썩 어울리지 않는 것 같았다. 모자 쓴 사람을 유심히 살펴보던 나에게 그건 또 늙은이의 상징물 같이 비쳐져 내키지 않았다. 궁지에 몰릴 때까지 매사를 망설이는 나의 타성이 거기에 가세했다.

그러나 살을 에는 추위 앞에선 모자를 쓰지 않을 수 없었다. 그러던 어느 날, 모자를 쓴 내 모습을 보고 한 친구가 "자네는 모자를 안 쓰는 편이 좋겠네." 하며 자못 볼썽사납다는 듯 고개를 가로 저었다. 모자는 내 머리에 자리 잡을 겨를이 없었다. 사람의 심미안審美眼이란 참으로 까다롭고 거추장스러운 것임을 이때처럼 모질게 느껴본 적은 없었다. 누구나 모자를 쓰는 세상이 되었으면 마음이 편할 것 같았다. 외출하는 선비는 누구나 갓을 쓰던 이조시대처럼 말이다.

모자는 그 종류와 모양에 따라 사람의 외관을 꽤나 다르게 장식한다. 사람의 몸에 걸치는 것 치고 어느 하나 장식성이 없는 것은 없지만, 몸의 정상에 자리하는 모자처럼 그 주인을 뚜렷이 눈에 띄게 드러내는 것은 없다. 그래서 사람들은 추위를 막아 주는 현실적인 역할은 둘째 치고 모자가 표현하는 외양에 더 관심을 둔다. 그러나 모자의 실용성과 장식성은 상반되는 것은 아니다. 실용의 전제 위에 장식의 미가 더해질 따름이다.

오랜 방황 끝에 겨울철 모자가 나의 머리에 정착돼가고 있다. 작달막한 키, 통통한 두상에 어울리지 않는다손 치더라도 나는 모자를 쓰련다. 그건 머리를 따스하게 보호해 주는 그 실용성 때문만이 아니다. 나를 실제의 나보다는 얼마쯤 젊게 꾸며주는 기묘한 힘을 나는 모자에서 발견한 것이다. 진즉 '베레모'를 쓰고 남을 의식함이 없이 살아가는 예술인들이 있다. 그들은 예술 활동에 정진하는 자의 멋을 모자에서 찾는다. 나는 모자의 멋을 어디에서 찾을까? 지금에 와서 내가 그들과 같은 멋을 찾으려 한다면 그건 웃음거리다. 아내는 나에게 "당신은 가발을 쓰면 아직은 청년인데……." 하고 가끔 되뇐다. 남이 들으면 우습기 짝 없는 넌센스이지만 나에게는 즐거운 격려의 말이 아닐 수 없다. 젊음이란 인생의 어떤 시기가 아니라 마음가짐을 뜻한다고 노래한 시인이 있었다. 내 모자가 가발을 대신하여 그런 마음가짐과 용기를 준다면 그 이상 고마울 데가 없다. 모자의 멋을 나는 거기에서 찾으련다.

모자와의 관계는 내 삶을 좀 더 활기차고 흥미진진하게 만든다. 세련되게 모자를 쓰려는 노력이 일상의 과제가 되었다. 모자를 관찰하고 고르는 재미도 쏠쏠하다. 덕분에 나이와 함께 시들어가던 쇼핑의 즐거움도 되살아난다. 내가 처음 백화점에서 모자를 샀던 당시에 비하면, 지금은 그 모양과 색상과 재질이 다양하다. 모자를 통해 드러나는 나의 모습도 그만치 다양하여 고르기에 따라서는 제법 어울리는 모자를 찾을 수 있게 되었다. 최근 1~2년 사이에 모자를 쓰는 친구들이 부쩍 늘었다. 직업일선에서 활동하는 몇몇 친구들을 제외하고는 모두들 한겨울에 모자를 쓰려 시도한다. 그러나 모자가 멋스럽게 머리에 정착된 사람은 아직 손에 꼽을 정도다.

내가 다니는 단골 모자집 주인은 손님에게 어느 모자가 어울린다고 권하는 일이 없다. 손님이 의견을 물어도 빙그레 웃기만 한다. 손님이 써보기를 원하는 모자를 지적하면 말없이 차례로 거울 앞에 대령한다. 모자를 쓰는 것은 그 모자를 통해 자신을 표현하는 것이므로 쓰는 사람 스스로 결정하여야 한다고 그는 말하고 싶은 것이다.

모자를 통해 나는 멋스럽고 세련되게 살아가는 나를 표현 할 수 있기를 희망한다. 아직은 편견과 아집의 사람이 아닌 젊음이 있음을 과시하련다.

모자를 쓰고 외출하면서 두 번째 겨울을 맞았다. 신발장 위 거울에 민머리가 썰렁하게 비칠 때면 나는 이제 현관문을 나서지 않는다.

故 안태현

『월간문학』 등단 (1999년), 서울대 법대 졸업
Consulting 회사 대표 역임, 서현문학동우회, 한국문인협회, 대표에세이 문학회 회원
2007년 작고

名言

현명한 사람은 혹여나
자신의 말이 자신의 행동을 앞지르지는 않을까
두려워한다.

톨스토이

대표에세이
選集

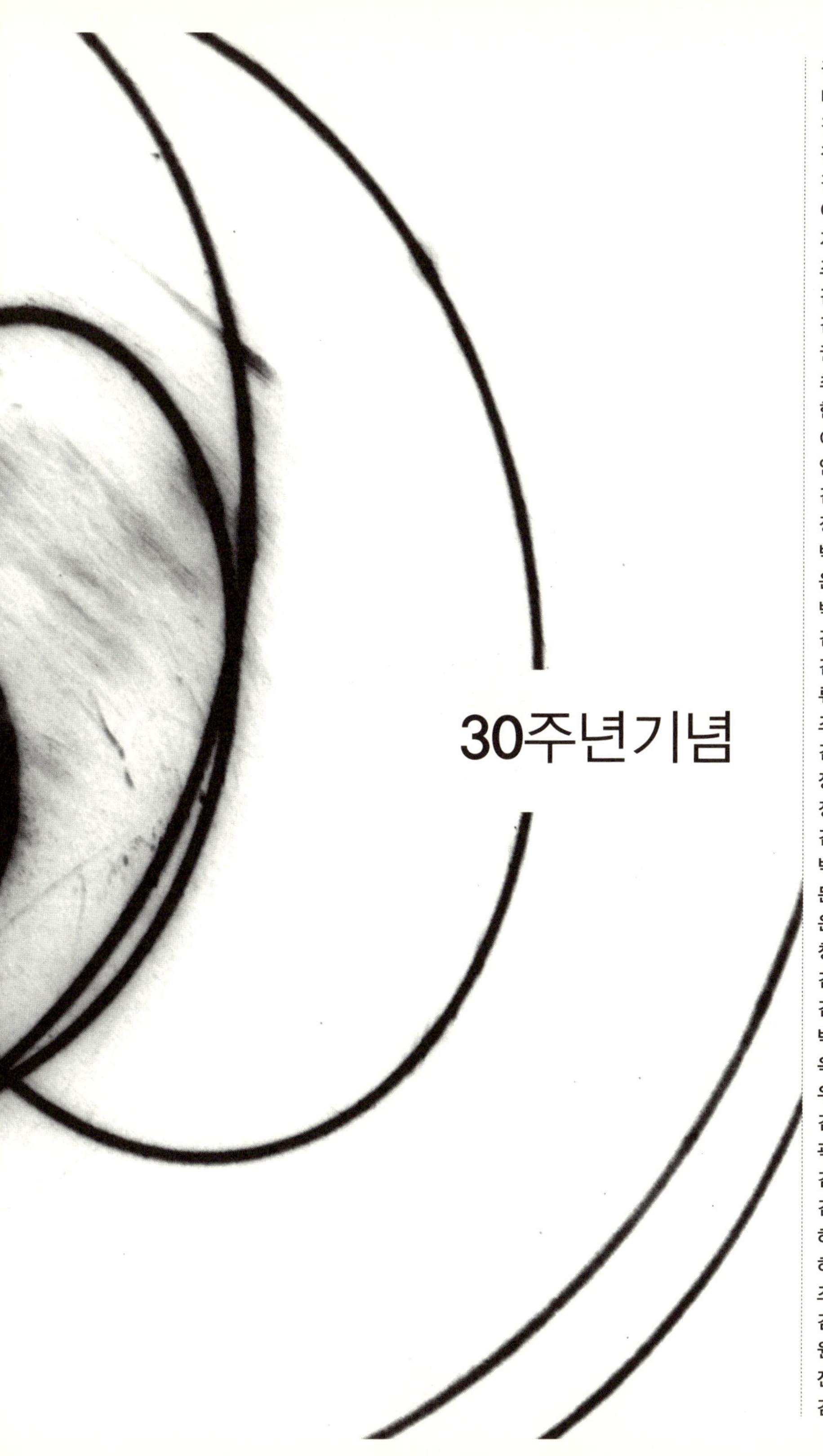

30주년기념

정목일
배혜숙
김 학
정주환
김홍은
이창옥
지연희
조성호
김수봉
김소경
권남희
최문석
한석근
이은영
안윤자
김사연
정인자
박영덕
윤영남
박미경
김정화
김금주
류경희
조현세
김지헌
장경환
정태헌
김선화
박경희
문영숙
윤자명
청정심
김윤희
김현희
박희경
옥치부
우선정
김상환
곽은영
김진자
김경순
허해순
허문정
조주희
김진진
원수연
전영구
김기자

대표에세이

選集

30주년기념